Die Stationen dieses Rundgangs:

1 **Heubrücke**
Schuldturm

2 **Findelgasse**
Ehemalige Klosterkirche

3 **Lorenzkirche**
Engelsgruß

4 **Fleischbrücke**
Ehemaliger Ohrenstock

5 **Hauptmarkt**
Marktplatz

6 **Altes Rathaus**
Fassade

7 **Altes Rathaus**
Lochgefängnisse

8 **»Bratwursthäusle«**
Ehemalige Hauptwache

9 **Fünfeckturm**
Ehemaliges Foltermuseum

10 **Freiung**
Ehemaliger Zufluchtsort

11 **Weintraubengasse 1**
Gerichtsgebäude

12 **Unschlittplatz**
Fundort Kaspar Hauser

13 **Trödelmarkt**
Henkerhaus

14 **Trödelmarkt**
Ausstellung im Henkerhaus

15 **Obere Wörthstraße 10**
Ehemaliges Wohnhaus
von Franz Schmidt

Stationen außerhalb
der Stadtmauer:

16 **Allersberger Straße 10**
Ehemalige Hinrichtungsstätte

17 **Hallerwiese**
Pegnitzufer

18 **Rochusfriedhof**
Grab von Franz Schmidt (654)

BILDNACHWEIS

Bayerische Staatsbibliothek: S. 6 u., 10, 34 l., 35, 36 u., 38 u.
Germanisches Nationalmuseum: S. 8 u., 13, 20 u., 23 u., 60.
Geschichte Für Alle e.V. – Institut für Regionalgeschichte: S. 7, 16 u., 21, 32 u., 47 u., 49 u., 50.
Geschichte Für Alle e.V., Bernd Windsheimer: S. 8 o., 16 o., 20 o., 22 o., 24 o., 28 o., 38 o., 40 o., 44 o., 46, 48 o., 52 o., 54 r., 62 o., 68 o., 70. o.+ u.
Geschichte Für Alle e.V., Norbert Kühlthau: S. 14 o., 32 o.+m., 33 u., 36 o., 37 l., 41 u. r., 51., 56 o., 64 o., 70 m.
Museen der Stadt Nürnberg, Kunstsammlungen: S. 3, 12, 24 u., 25, 26, 27 u., 29, 30, 34, 37 r., 41 o., 42 o., 44 u., 54 l., 54 u., 55, 61, 67.
Sammlung Altstadtfreunde Nürnberg e.V.: S. 14 u., 23 o., 27 o., 41 u. l., 43 o., 45, 49 o., 52 u., 53.
Stadtarchiv Nürnberg: S. 6 o., 9, 11, 15, 17, 18, 22 u., 28 u., 31, 33 o., 39, 40 m., 47 o., 56 u., 57, 58, 59, 63, 64 u., 65, 66, 68 u., 69, 71.
Stadtbibliothek Nürnberg: S. 40 u., 42 u., 43 u.
Thomas Zimmermann: S. 48 u.
Wikimedia: S. 19, 44 m.

Abbildung rechts: Kopf des exekutierten Mörders Philipp Feigel. Am 3. Dezember 1787 hatte Feigel seinen Vorgesetzten, den Totengräbersknecht Carl Gottlob Langfritz, auf dem Johannisfriedhof ermordet. Die Darstellung des abgetrennten Hauptes wurde auf dem Flugblatt durch ein Gedicht ergänzt: »Dies ist das Ebenbild des jungen Bösewicht / Der Schmäh- und Schmerzlich starb, durchs Pein u. Halsgericht. / Es seh' es wer es sieht mit den Gedancken an / Es bleibt nicht ungestrafft das was man bös' gethan.«

Titelbild: Etwa 400 Jahre lang bewohnten die Nürnberger »Nachrichter« das über die Pegnitz gebaute Henkerhaus. Bis heute machen die besondere Architektur wie auch die Nutzungsgeschichte das Gebäude zu einem der interessantesten in der Nürnberger Altstadt. Postkarte um 1900.

SANDBERG VERLAG

Wiesentalstraße 32
90419 Nürnberg

www.geschichte-fuer-alle.de
info@geschichte-fuer-alle.de
Telefon 0911-307360
Fax 0911-3073616

Gestaltung: Norbert Kühlthau, Nürnberg
Druck: Frischmann Druck & Medien, Amberg

Nürnberg 2019

ISBN 978-3-96486-000-2

Magdalena Prechsl

NÜRNBERGER KRIMINAL-GESCHICHTE

Henkerhaus, Lochgefängnis und Schuldturm

Historische Spaziergänge 16

Herausgegeben von
Geschichte Für Alle e.V. – Institut für Regionalgeschichte

INHALT

Nürnberger Kriminalgeschichte

Henkerhaus, Lochgefängnis und Schuldturm

Frühneuzeitliche Leibes- und Todesstrafen dienten im Rechtsverständnis der Zeit der Wiederherstellung der staatlichen und »gottgewollten« Ordnung, aber auch der persönlichen Bekehrung des Verbrechers. Holzschnitt aus dem Laienspiegel von Ulrich Tengler, 1509.

Noch heute legen in Nürnberg Namen wie Henkerhaus, Lochgefängnis, Schuldturm, Freiung oder der Stadtteil Galgenhof Zeugnis von der Rechtsgeschichte ab. Näher mit dem Thema befassen können sich interessierte Einheimische sowie Besucherinnen und Besucher an zwei Orten in der Stadt: In den Lochgefängnissen im Keller des historischen Rathauses und dem von Geschichte Für Alle e.V. seit 2007 betriebenen klei-

Der Nürnberger Historienmaler Wilhelm Ritter stellte die Sichtweise seiner Zeit auf die reichsstädtische Strafpraxis fiktiv dar: Vom »Loch« über die »Folterkammer«, die Aufbewahrungsstätte der Folterinstrumente bis zur Wohnung des Henkers. Ausschnitt der »Henkersteg und Wasserturm in Nürnberg« betitelten Tafel eines Triptychons für die Weltausstellung in Paris 1900.

nen Museum im Henkerhaus, dem originalen Wohnort der Nürnberger »Nachrichter«. Hier lebte auch Franz Schmidt, der wohl berühmteste deutsche Henker. Er stand 40 Jahre lang von 1577 bis 1617 in Diensten der Stadt und hinterließ ein ausführliches Tagebuch. Diese beiden Orte und einige weitere Stationen verbindet Geschichte Für Alle e.V. seit vielen Jahren zu einer vielbesuchten kriminalhistorischen Stadtführung.

Mit dem vorliegenden Band 16 unserer Reihe »Historische Spaziergänge« möchten wir Sie einladen, auf einem Spaziergang die Schauplätze der Nürnberger Rechtsgeschichte (überwiegend in reichsstädtischer Zeit) näher kennenzulernen und dabei mehr über berühmte Rechtsfälle und die uns Heutigen fremd und grausam erscheinende Strafpraxis früherer Jahrhunderte zu erfahren.

Nürnberg, im November 2019
Bernd Windsheimer,
Daniel Gürtler
Geschichte Für Alle e.V. –
Institut für Regionalgeschichte

Verbrechen und Strafe

Justiz im reichsstädtischen Nürnberg

Vorstellungen von Grausamkeit und Willkür prägen das Mittelalterbild vieler Menschen. Insbesondere die vormoderne Strafpraxis gilt hierfür als ursächlich. Doch inwiefern waren Verstümmelungen, öffentliche Demütigungen und Hinrichtungen im mittelalterlichen und frühneuzeitlichen Nürnberg an der Tagesordnung?

Zahlreiche gängige Vorstellungen von Kriminal- und Rechtsgeschichte haben ihre Wurzeln in der Frühen Neuzeit (etwa 1500–1800) und nicht im Mittelalter. Dies hängt vor allem damit zu-

Der Holzschnitt aus dem Jahr 1598 zeigt die Exekution des Vatermörders Frantz Seuboldt in Nürnberg mit dem Rad (rechts). Als Strafverschärfung wurde der Delinquent zuvor mit glühenden Zangen traktiert (links). Darstellungen von schweren Verbrechen und Hinrichtungen fanden seinerzeit weite Verbreitung.

Auf der wohl bekanntesten mittelalterlichen Ansicht Nürnbergs aus der Schedelschen Weltchronik (1493) wird das Hochgericht im Vordergrund zum Symbol für die Unabhängigkeit und die Macht der Stadtregierung.

sammen, dass sich das obrigkeitliche Recht im Mittelalter erst entwickelt hat. Es war in Nürnberg um 1300 keineswegs so, dass alle Lebensbereiche durch Gesetze und Vorschriften klar geregelt waren, wie wir es heute kennen. Erst mit der Entwicklung der Reichsstadt Nürnberg zu einer Großstadt im ausgehenden Mittelalter erließ der gesetzgebende und zugleich rechtssprechende Rat immer mehr Vorschriften. Diese waren nicht allumfassend, sondern bezogen sich auf bestimmte Lebensbereiche, etwa den für Nürnberg so wichtigen Handel.

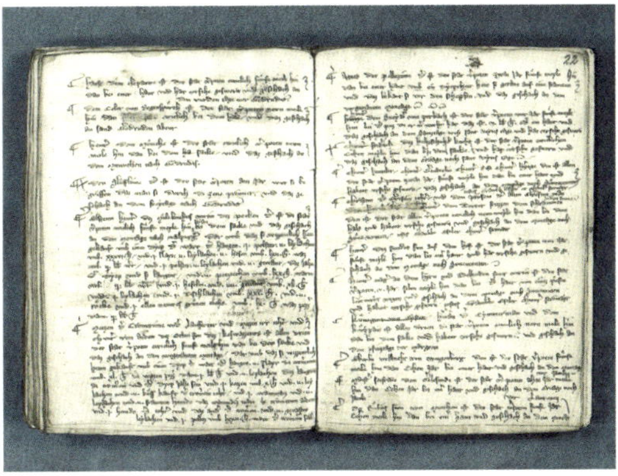

Im Spätmittelalter kam es zu einer Verschriftlichung des Rechts: Nicht nur Gesetze wurden niedergeschrieben, sondern auch Strafen wurden dokumentiert. Das Nürnberger Achtbuch (1285–1337) führt die Verbannungen aus der Stadt auf.

Des allerdurchleuchtigsten großmechtigstẽ vnd überwindtlichsten Keyser Karls des fünfften: vnnd des heyligen Römischen Reichs peinlich gerichts ordnung/ auff den Reichßtägen zů Augspurgk vnd Regenspurgk/ in jaren dreissig/ vñ zwey vnd dreissig gehalten/ auffgericht vnd beschlossen.

Cum gratia et priuilegio Imperiali.

Die »Peinliche Halsgerichtsordnung Kaiser Karls V.« ist auch unter ihrem lateinischen Namen »Constitutio Criminalis Carolina« bekannt. In dem Reichsgesetz wird nicht nur bestimmt, wie einzelne Verbrechen zu bestrafen sind, sondern auch der Strafprozess (inklusive der Folter) wird geregelt. Titelblatt der Ausgabe von 1533.

In der Frühen Neuzeit hielt diese Entwicklung an: Um das Gemeinwesen innerhalb der Städte und Territorien zu organisieren, wurden immer mehr Regelungen (sogenannte »Polizeiordnungen«) erlassen. Aber auch im Strafrecht gab es ab dem 16. Jahrhundert bedeutende Änderungen. So sorgte das Reich durch den Erlass der Peinlichen Halsgerichtsordnung Kaiser Karls V. 1532 für eine Vereinheitlichung und Modernisierung des Strafrechts.

In unserem heutigen Verständnis sind insbesondere die öffentlichen Strafen der Vormoderne – vom Stehen am Pranger über Verstümmelungen bis hin zu qualvollen Hinrichtungsformen wie dem Rädern – von großer Grausamkeit geprägt gewesen. Jedoch muss man sich auch die Ziele

Die meisten Hinrichtungen erfolgten mit dem Schwert oder dem Strang. Das Alter der Verurteilten spielte beim Strafmaß keine Rolle. Die Abbildung zeigt fünf Mitglieder einer jugendlichen Diebesbande, die 1584 in Nürnberg hingerichtet wurden. Kolorierte Zeichnung vor 1613.

der Bestrafungen vom Spätmittelalter bis in das 19. Jahrhundert vergegenwärtigen. So ging es nicht um die Besserung der verurteilten Person beispielsweise durch eine Freiheitsstrafe, sondern um die Wiederherstellung des Rechtes durch Sühne, Wiedergutmachung und Abschreckung. Um diesen Zweck zu erfüllen, mussten die Strafen in ihrer Grausamkeit den begangenen Taten entsprechen und ebenso großen Schaden anrichten wie die Verbrechen selbst. Dabei war der Strafvollzug streng ritualisiert und nicht willkürlich. Gleiches gilt für den Strafprozess, bei dem die Folter als Möglichkeit, eine beschuldigte Person

Die Galeerenstrafe wurde als einer Enthauptung gleichwertig angesehen. Der Transport der Verurteilten nach Genua erwies sich aber als zu umständlich. Deshalb wurde diese Strafform nur von 1571 bis 1576 in Nürnberg praktiziert. Kolorierte Zeichnung vor 1613.

zu einem Geständnis zu bewegen, eingesetzt wurde. Die Folter war dabei keine Form der Bestrafung, sondern eine drastische Form der Befragung.

Im Vergleich zum Mittelalter nahm die Zahl der Hinrichtungen im Heiligen Römischen Reich in der Frühen Neuzeit zu. Das muss aber nicht als eine fortschreitende Verrohung, sondern vielmehr als eine Systematisierung des Rechtes gedeutet werden. So war es im Mittelalter beispielsweise üblich, Verbrechen außergerichtlich durch Geldzahlungen zu »klären«. Durch die Gesetze des 16. Jahrhunderts, die ja für das gesamte Alte Reich galten, entfielen solche Möglichkeiten, und das Rechtswesen erreichte damit ein höheres Maß an Rechtssicherheit.

Hinrichtungen blieben aber besondere Ereignisse in der Stadt, was auch das große Interesse der Öffentlichkeit an den Exekutionen erklärt: Von 1500 bis 1800 wurden in Nürnberg jährlich im Durchschnitt etwa vier Personen mit dem Tod bestraft. Die Todesstrafe verhängte man vor allem für Diebstahl und Raub sowie für Mord und Totschlag. Hexenverfolgungen gab es in Nürnberg kaum.

Besondere Aufmerksamkeit wurde Verbrechen geschenkt, denen bekannte Persönlichkeiten zum Opfer fielen. Nach der Ermordung des Nürnberger Ratskonsulenten Karl Alexander Faulwetter wurden sogar Abbildungen der blutigen Tatwaffe mit einer Beschreibung des Verbrechens verbreitet. Kolorierter Stich 1801.

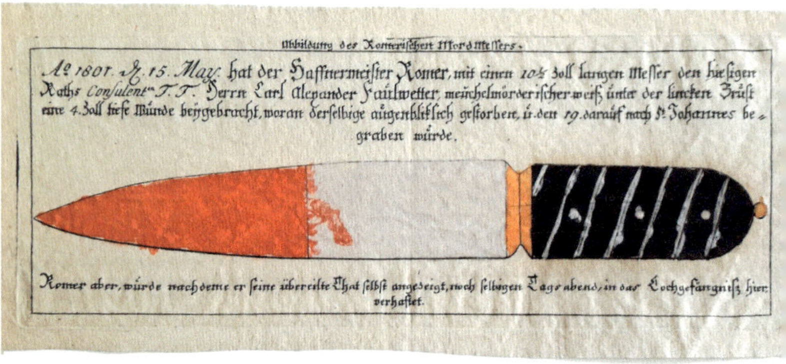

Im 19. Jahrhundert wurden Schauergeschichten über das finstere Mittelalter sehr populär. Einige davon spielten in Nürnberg. So hält sich der – frei erfundene – Mythos von der »Eisernen Jungfrau« als brutalem Tötungsapparat bis heute. Lithografie 1863.

Bei einer Beschäftigung mit der Rechts- und Kriminalgeschichte Nürnbergs im Mittelalter und der Frühen Neuzeit fällt also auf, dass es zu kurz greift, die Gerichts- und Strafpraxis als brutal und willkürlich darzustellen. Dieses Bild ist wohl bis heute stark von der Nürnberg-Romantik des 19. Jahrhunderts geprägt, die neben der Fachwerk-Begeisterung auch das »Schaurige« des Mittelalters in den Fokus rückte. Bis heute finden sich in Nürnberg zahlreiche Orte, die Zeugnis von der Rechts- und Kriminalgeschichte der Stadt ablegen. Eine differenzierte Betrachtung dieser Orte lohnt sich, wenn man sich dem Leben, aber auch den Vorstellungen der Vergangenheit annähern möchte.

①

Schuldturm

Vom Stadtmauerturm zum Gefängnis

Um 1900 war der Schuldturm als mittelalterlicher Stadtturm ein beliebtes Ansichtskartenmotiv. Im Zweiten Weltkrieg brannte der Turm aus. Heute wird er von der Hochschule für Musik genutzt. Postkarte 1905.

Mit der Errichtung der letzten, heute noch größtenteils erhaltenen Stadtmauer im 15. Jahrhundert verloren die Wehrbauten auf Höhe der Vorderen Insel Schütt ihre Funktion. Die zwei direkt am südlichen Flussarm gelegenen Türme wurden 1478 bzw. 1480 zu Schuldgefängnissen umgebaut. Heute existiert nur noch der nördliche Schuldturm, das sogenannte »Männereisen«. Das gegenüberliegende »Weibereisen« wurde im 19. Jahrhundert abgerissen. Die Namen der Türme ergaben sich aus der Geschlechtertrennung in den Gefängnissen.

Beim Schuldturm handelte es sich um ein Sondergefängnis, in dem im ausgehenden Mittelalter und in der Frühen Neuzeit Personen inhaftiert wurden, die ihren Zahlungspflichten nicht nachgekommen waren. Ziel der Haft war nicht vorrangig die Bestrafung der Verschuldeten – Gefängnisstrafen waren in dieser Zeit noch nicht gängig –, sondern die Erzwingung der Rückzahlung der Schulden.

In den mit Eisenkäfigen ausgestatteten Türmen saßen Personen aus unterschiedlichen sozialen Schichten ein, auch wenn besonders häufig einfache Handwerker und Tagelöhner in die Schuldenfalle gerieten. Außerdem gab es auch immer wieder Fälle, bei denen nicht Überschul-

Blick vom Unteren Bergauer Platz über die Heubrücke zum Schuldturm (Bildmitte), im Vordergrund das »Weibereisen«. Der Wehrgang über den Fluss wurde im 15. Jahrhundert zu Wohnräumen für die Stadtknechte umgebaut. Radierung um 1800.

dung, sondern zum Beispiel »Wortfrevel«, also Lästerei, der Haftgrund war.

Ein besonderer Häftling war der Patrizier und Stadtrichter Hans IV. Stromer (1517–1592). Er saß 38 Jahre wohl wegen Geheimnisverrats im Schuldturm. Da er zusätzlich zur Gefängniskost täglich zwei Bratwürste serviert bekommen haben soll, erlangte er als »Bratwurstfresser« einen festen Platz im Nürnberger Anekdotenschatz.

Blick stadteinwärts: Das »Weibereisen« (links) wurde 1812 abgerissen. Auch ein Abbruch des Männereisens war geplant. Radierung von Johann Alexander Boener um 1705.

②

Der Fall Henlein

Zuflucht im Klosterasyl

Der Peter-Henlein-Brunnen am Hefnersplatz wurde anlässlich einer Uhrenausstellung im Jahr 1905 errichtet. Ende des 19. Jahrhunderts entwickelte sich in Deutschland eine intensive Verehrung des Nürnberger Uhrmachers. Fotografie 2019.

Heute ist kaum noch zu erkennen, dass sich gegenüber dem Heilig-Geist-Spital am südlichen Pegnitzufer im Mittelalter ein großer Klosterkomplex befunden hat. Auf das Franziskaner- bzw. Barfüßerkloster verweist nur noch die Form des Gewerbegebäudes in der Findelgasse, in das der Rest des Chores der Klosterkirche integriert wurde.

Vor der Reformation gab es zahlreiche Klosteranlagen in Nürnberg. Diese sind für die Kriminalgeschichte der Stadt insofern interessant, als sie Verbrecherinnen und Verbrechern immer wieder als Zufluchtsort dienten. Möglich wurde dieses Klosterasyl, da die weltliche Herrschaft traditionell keinen vollen Zugriff auf die kirchlichen Bereiche in der Stadt hatte. Im Jahrhundert vor der Reformation hatte der Rat der Stadt zwar bereits weitreichenden Einfluss auf die Kirchen und Klöster in Nürnberg, das seit der Antike bekannte Asyl wurde davon aber kaum angetastet.

Wie die Zuflucht im Kloster für die eines Verbrechens bezichtigte Person aussah, kann man am besten an einem berühmten Fall nachvollziehen: Peter Henlein (um 1480–1542) galt nicht nur lange Zeit als Erfinder der Taschenuhr, sondern musste in seiner Jugend aufgrund einer Totschlagsaffäre ins Barfüßerkloster flüchten. Hier entzog er sich dem Zugriff der städtischen Obrigkeit.

Das Barfüßerkloster, in dem Peter Henlein Asyl fand, existierte von 1224 bis zum Tode des letzten Mönches Peter Pfingstetter 1562. Das Kloster wurde in Folge der Reformation »zum Aussterben verurteilt«. Um 1560 zogen die städtischen Findelhäuser und 1671 das Frauenzuchthaus in die ehemaligen Klostergebäude ein. Kupferstich von Johann Alexander Boener um 1700.

Was war passiert? Folgt man den Quellen, geriet Peter Henlein im Jahr 1504 zusammen mit den Schlossern Georg Heuss und Paul Teffler in eine Rauferei, bei der ein weiterer Schlosser namens Clemens Glaser zu Tode kam. Um der Strafverfolgung zu entgehen, flüchtete Henlein in das Barfüßerkloster. Vier Jahre dauerten die Aufklärung des Verbrechens und der Prozess. Doch so lange musste Henlein nicht im Kloster bleiben: Zwei Monate nach der Tat erhielt er vom Rat der Stadt befristetes freies Geleit. Das heißt, er durfte zwar die Stadt nicht verlassen, konnte sich aber bis zur Aufklärung des Totschlags frei in der Stadt bewegen. Diese Befreiung von der Untersuchungshaft wurde von der Stadt immer wieder verlängert. Dass Henlein also vier Jahre im Kloster gesessen sei, gehört in das Reich der Legenden.

In der Strafsache kam es schließlich zu einer Aussöhnung mit den Hinterbliebenen des Opfers, bei der Henlein mit einer Strafe von 21 Gulden –

Die Stadtansicht zeigt die Klöster, die in Nürnberg bis in die Reformationszeit existiert hatten. An der Karte wird deutlich, dass in der Reichsstadt kein einheitlicher Rechtsraum bestand. Kolorierter Kupferstich von Wenzel Hollar, 1654 (bearbeitet).

eine durchaus stattliche Summe – belegt wurde. Das Geld an die Hinterbliebenen des Getöteten bezahlte er allerdings erst im Jahr 1515.

Zu diesem Zeitpunkt war Henlein bereits ein erfolgreicher Uhrmacher. 1509 wurde er Meister und trotz seiner »wilden Jugendjahre« erhielt er in den 1520er Jahren einige größere Aufträge für Großuhren vom Rat der Stadt. Er fertigte ansonsten kleinere Uhren, die am Körper getragen werden konnten, und Tischuhren. Ob Henlein aber als der Erfinder der ersten Taschenuhr gelten kann, ist bestenfalls unklar. Die berühmte Taschenuhr in den Beständen des Germanischen Nationalmuseums, die Henlein im Jahr 1510 gefertigt haben soll, hat sich als Konglomerat des 19. Jahrhunderts herausgestellt. Auch ohne diese bahnbrechende Erfindung scheint Henlein ein in Nürnberg gut situierter Handwerker und Gutachter gewesen zu sein.

Auch die weiteren 1504 des Totschlags beschuldigten Schlosser haben wohl kein Stigma aus der Affäre davongetragen. So erhielt Georg Heuss 1509 den Auftrag, das berühmte Männleinlaufen an der Frauenkirche zu konstruieren.

Trotz allem geriet Peter Henlein noch mehrmals mit dem Rat der Stadt aneinander. Grund für die Konflikte war, dass Henlein seinen Bruder Hermann unterstützen wollte, der ebenfalls mit dem Gesetz aneinandergeraten war. Dieser wurde 1523 in Augsburg mit dem Schwert hingerichtet, weil er bereits 1516 in Nürnberg ein achtjähriges Mädchen ermordet hatte. Durch Flucht aus Nürnberg konnte sich der Messerschmied für einige Jahre dem Zugriff der Nürnberger entziehen. Peter Henlein versuchte seinem Bruder zu helfen, indem er beispielsweise nach dessen Ergreifung den Hinweisgeber auf Hermanns Versteck in Augsburg der Verleumdung beschuldigte. Aufgrund dieser falschen Anschuldigung wurde Peter Henlein zu einer zweiwöchigen Turmstrafe verurteilt.

Diese dosenförmige Uhr, die sich heute im Besitz des Germanischen Nationalmuseums befindet, wurde lange Zeit Peter Henlein zugeschrieben. Unter anderem durch den Einsatz von Röntgen-Technologie haben Experten des Germanischen Nationalmuseums diese Zuschreibung widerlegt. Fotografie 2009.

Obgleich die Henleins eine sehr unruhige Familie gewesen zu sein scheinen, wird insbesondere das Andenken an Peter Henlein heute in Nürnberg hochgehalten. Dies zeigt sich beispielsweise in der Benennung einer Straße und einer Schule nach dem Uhrmacher. Doch nicht nur Peter Henlein wirkt nach, auch das Kirchen- bzw. Klosterasyl gibt es in seinen Grundzügen bis heute: Es wird insbesondere im Zuge der Flüchtlingskrise ab 2015 immer wieder öffentlich diskutiert.

③

Als Bildhauer war Veit Stoß nicht nur für seine großen Skulpturen wie den Engelsgruß oder den Hochaltar in der Krakauer Marienkirche bekannt, sondern auch für kleinere Werke, etwa für diese Madonna (um 1500) aus den Beständen des Germanischen Nationalmuseums. Fotografie 2007.

Veit Stoß

Engelsgruß und Urkundenfälschung

Der Engelsgruß in der Lorenzkirche ist heute eines der bedeutendsten Kunstwerke Nürnbergs. Dabei kann man von Glück sprechen, dass Veit Stoß (um 1447–1533) die Skulptur überhaupt anfertigen konnte und nicht zuvor wegen Fälschung eines Schuldscheins hingerichtet wurde.

1496 kehrte Veit Stoß als berühmter und reicher Künstler nach beinahe 20 Jahren in Krakau nach Nürnberg zurück. Hier arbeitete er nicht nur weiterhin als erfolgreicher Bildhauer, sondern tätigte auch spekulative Finanzgeschäfte, die ihm zum Verhängnis werden sollten. So ließ er den Nürnberger Kaufmann Jakob Baner in seinem Namen 1.256 Gulden in eine Tuchhandelsgesellschaft investieren. Allerdings missglückte dieses Investment. Der Tuchhändler ging bankrott und Stoß verlor sein Vermögen. Da der Künstler seinen Berater Baner für den Verlust des Geldes verantwortlich machte, verklagte er diesen. Stoß war anscheinend so verzweifelt, dass er 1503 zu unlauteren Mitteln griff und einen Schuldschein im Namen Baners fälschte.

Die Fälschung flog allerdings auf und Veit Stoß floh ins Karmelitenkloster. Als er dieses verließ, wurde er sofort verhaftet und im Lochgefängnis eingesperrt. Dort gestand er die Urkundenfälschung, auf die in der Regel die Todes-

Der Engelsgruß zeigt die Verkündigungsszene umrahmt von einem Rosenkranz. Den Auftrag für die Skulptur aus Lindenholz erhielt der Künstler im Alter von etwa 70 Jahren. Fotografie 2008.

Darstellungen, die Veit Stoß porträtieren, zeigen den Künstler immer ohne die Narben der Brandmarkung. Mehr noch als die kaiserliche Rehabilitierung dürfte sein Ruf als hervorragender Künstler für die Tilgung der Spuren der Betrugsaffäre aus den Porträts ursächlich sein. Kupferstich 1860.

strafe folgte. Durch einflussreiche Fürsprecher konnte die Hinrichtung jedoch abgewendet werden und dem Künstler wurden »nur« beide Wangen mit glühenden Eisen durchstoßen. Nach Vollstreckung des Urteils am 4. Dezember 1503 und der zivilrechtlichen Verurteilung zu einer hohen Geldstrafe zugunsten Baners war Stoß nicht nur gesellschaftlich geächtet, er stand auch finanziell kurz vor dem Ruin. 1506 gelang es ihm dann aber, von Kaiser Maximilian I. eine Ehrenerklärung zu erwirken. Dies führte dazu, dass er wieder Aufträge als Künstler bekam und beispielsweise 1517/18 im Auftrag von Anton II. Tucher den Engelsgruß als eines seiner Hauptwerke schaffen konnte.

④

Fleischbrücke

Vollzug von Leibstrafen

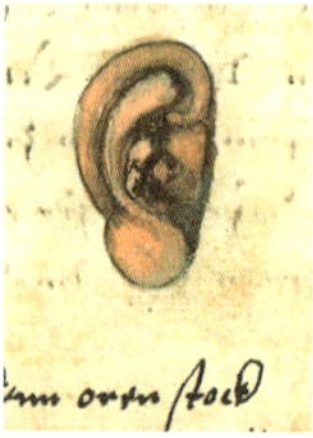

Abgetrenntes Ohr, kolorierte Zeichnung aus der Neubauerschen Chronik vor 1613.

In nächster Nähe zum Hauptmarkt befindet sich mit der Fleischbrücke ein Meisterwerk der Brückenbaukunst aus dem Jahr 1598. Dass die Brücke aber auch der Ort war, an dem Leibstrafen vollzogen wurden, ist nur wenig bekannt.

Auf der Fleischbrücke befand sich seit der Errichtung der ersten steinernen Brücke an dieser Stelle 1487 der sogenannte Ohrenstock. Dabei handelte es sich um den Aufbewahrungsort für die Gegenstände, die der Henker nutzte, um Verurteilte körperlich zu bestrafen. Bis ins Mittelalter waren die Verstümmelungsstrafen äußerst vielfältig. Häufig handelte es sich um spiegelnde Strafen, also Strafen, die einen Verweis auf das begangene Verbrechen geben. So wurden zum Beispiel Meineidigen die Schwurfinger abgeschlagen.

Diese drastische Darstellung aus der Chronik des Wirtes Wolf Neubauer d.J. zeigt das Abschneiden der Zunge des Glasers Andreas Brunner wegen Gotteslästerung 1591. Kolorierte Zeichnung vor 1613.

Viele der äußerst grausamen Leibstrafen verloren in der Frühen Neuzeit zugunsten der Ehrenstrafen an Bedeutung. So wurden beispielsweise im 16. Jahrhundert in Nürnberg keine Blendungen mehr durchgeführt. Weiterhin sehr häufig war aber das »Ausstreichen mit Ruten« (also das Auspeitschen), das in der Regel aber zu keinen bleibenden körperlichen Schä-

Die Fleischbrücke wurde in ihrer heutigen Form Ende des 16. Jahrhunderts errichtet. Der Neubau war damals nötig geworden, weil ein Hochwasser den Vorgängerbau zerstört hatte. Postkarte 1900.

den führte. Ansonsten waren Verstümmelungen wie das Abschneiden der Zunge, der Ohren oder von Gliedmaßen Strafen, die in der Frühen Neuzeit in Nürnberg durchschnittlich circa einmal im Jahr durchgeführt wurden. Am häufigsten berichtet beispielsweise der Nürnberger Henker Franz Schmidt in seiner Auflistung der von ihm von 1578 bis 1618 durchgeführten Leibstrafen vom Abschlagen von Fingern. Andere Verstümmelungsstrafen sind äußerst selten im Bericht des Henkers. So schreibt er beispielsweise, dass er am 19. April 1591 dem Glaser Andreas Brunner wegen schwerer Gotteslästerei »uff der Fleischbruckhen ein stuckh von der zungen gnommen« habe. Teilweise wurden die abgetrennten Körperteile an den Ohrenstock genagelt, um eine abschreckende Wirkung zu erzielen.

Der Ohrenstock befand sich auf der alten Fleischbrücke in der Mitte der Brücke. Zeichnung von J. C. Steinmetz (auf Basis eines Gemäldes aus dem 15. Jahrhundert) 1803.

Immer wieder wurden auch gefälschte Waren auf der Fleischbrücke verbrannt. Wie beim Vollzug der Leibstrafen setzte man hierbei durch die Öffentlichkeit des Aktes auf eine abschreckende Wirkung.

⑤

Hauptmarkt

Friedensbezirk und Strafvollzug

Eine besondere Form des Prangers war der »Bauernpranger«. Auf diesen wurden von 1622 bis 1657 und 1693 bis 1704 Marktleute gestellt, die gegen Preisverordnungen verstoßen hatten. Kupferstich 1697.

Nürnbergs zentraler Marktplatz, der seit dem 19. Jahrhundert »Hauptmarkt« heißt, ist in Hinblick auf die Rechtsgeschichte der Stadt auf zweierlei Weise interessant. Zum einen war der Platz bis in das 18. Jahrhundert ein besonderer Rechtsbereich innerhalb der Stadtmauern, zum anderen wurden hier Strafen öffentlich vollzogen.

In einer Stadt, die seit dem Mittelalter so stark vom Handel geprägt war wie Nürnberg, hatte der reibungslose Ablauf von Märkten und Messen eine sehr hohe Bedeutung. Aus diesem Grund erklärte man das Areal des Marktplatzes nach

Während auf der Fläche vor der Frauenkirche vor allem Lebensmittelhändler ihre Waren anboten, regelten am westlichen Rand des Platzes die Großhändler auf dem »Herrenmarkt« ihre Geldgeschäfte. Ölgemälde von Lorenz Strauch, 1594.

dessen Anlegung Ende des 14. Jahrhunderts zu einem besonderen Friedensbezirk, der sogenannten »Muntat«. Dieser Begriff ist eine Kurzform der »immunitas localis«, die einen Bezirk beschreibt, der aus dem normalen Recht ausgenommen ist. Im Falle des Nürnberger Marktplatzes meint dies, dass Verletzungen des städtischen Friedens deutlich härter bestraft werden sollten als an anderen Orten in der Stadt. Unter solche Tatbestände fielen zum Beispiel Körperverletzungen, Beleidigungen und Glücksspiel. Um den besonderen Rechtsbereich zu kennzeichnen, wurden an den Ecken des Platzes Hinweisschilder angebracht, die eine Hand (evtl. einen Königshandschuh oder auch eine abgeschlagene Gliedmaße) zeigten. Dennoch finden sich in den Quellen zahlreiche Hinweise auf Alltagskriminalität auf dem Marktplatz wie Diebstahl oder Betrügereien, was für eine Großstadt – damals wie heute – nicht verwunderlich ist.

Im 19. Jahrhundert setzte man sich bildlich intensiv mit der Strafpraxis vergangener Jahrhunderte auseinander: Die Darstellung zeigt einen Bankrotteur am Pranger. Die Szene wird in das Nürnberg um 1500 verlegt. Kupferstich um 1900.

Aufgrund der sozialen Bedeutung des Marktplatzes wurde dieser im ausgehenden Mittelalter und der Frühen Neuzeit auch als Ort der Bestrafung genutzt. Die Rechtsauffassung der Zeit sah einen öffentlichen Strafvollzug vor. Das Ziel war sowohl eine Abschreckung vom Verbrechen als auch eine Demonstration der Macht der Obrigkeit. Außerdem sollte das Volk durch die Öffent-

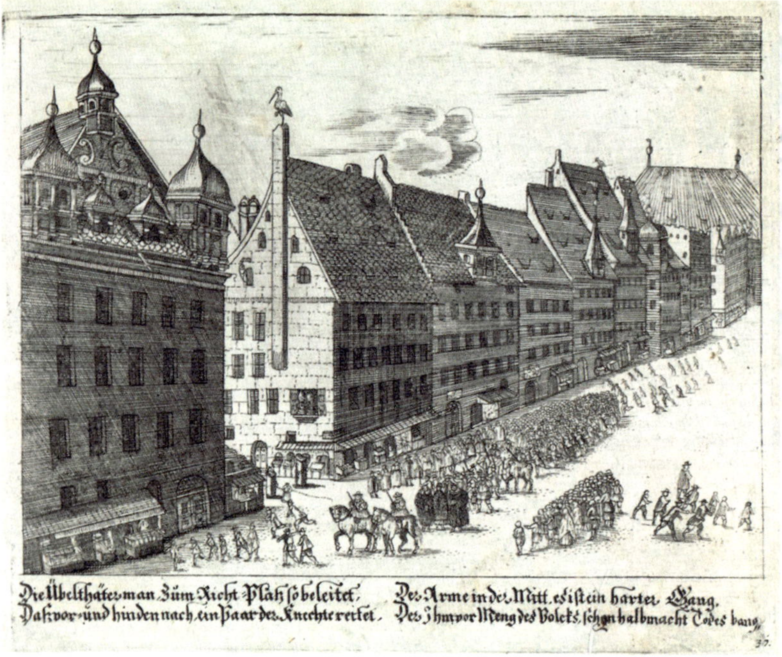

Wenn eine Hinrichtung anstand, führte der Zug mit der verurteilten Person vom Lochgefängnis zur Richtstätte immer über den Marktplatz. Begleitet von geistlichem Beistand und einer großen Menge Schaulustiger im Schlepptau wurde der »arme Sünder« oder die »Sünderin« durch die Stadt geführt. Kupferstich um 1650.

lichkeit die Strafe billigen und deren ordnungsgemäße Durchführung kontrollieren können. Innerhalb der Stadtmauern wurden Leib- und Ehrenstrafen auf dem Marktplatz und in dessen unmittelbarer Umgebung auf der Fleischbrücke bzw. am Rathaus vollzogen. Die Richtstätte für Todesstrafen befand sich vor den Toren der Stadt.

Ziel der Ehrenstrafen war eine öffentliche Diffamierung der verurteilten Person. Die wohl bekannteste unter diesen Strafen ist das »an den Pranger gestellt werden«. Es gab aber auch noch weitere Ehrenstrafen wie das Anketten an einen schweren Stein, der dann getragen werden musste, oder das Aufsetzen einer Schandmaske. Häufig wurden Ehrenstrafen mit weiteren Strafen kombiniert; zum einen um den komplexen Abstufungen des frühneuzeitlichen Strafsystems gerecht zu werden, zum anderen um die abschreckende Wirkung der öffentlichen Bestrafung

Der Nürnberger Hauptmarkt um 1900. Postkarte 1903.

Auch in der Neuzeit war öffentliche Demütigung als Strafe noch gängig. Der Stich zeigt die Zurschaustellung einer Betrügerin in Nürnberg im Jahr 1807.

zu verstärken. Eine typische Kombination war die der Ehrenstrafe mit der Ausweisung aus der Stadt. So wurde beispielsweise eine Goldspinnerin 1657 wegen Gotteslästerung und körperlicher Bedrohung ihres Mannes aus der Stadt verwiesen. Zuvor musste sie aber barfüßig mit einer Rute in der Hand vor der Franziskanerkirche stehen, während die Nürnbergerinnen und Nürnberger an ihr vorbei zum Morgengottesdienst gingen.

Auch wenn man bei einer Ehrenstrafe in der Regel keine körperlichen Schäden davontrug – von gewalttätigen Übergriffen aus den Reihen der Schaulustigen einmal abgesehen –, hatten sie doch meist gravierende Folgen: So ging mit der öffentlichen Bloßstellung ein Ehrverlust einher, der dazu führte, dass die bestrafte Person ihren sozialen Status verlor und aus der Stadtgesellschaft ausgeschlossen wurde. Bis ins 19. Jahrhundert wurden in Nürnberg Personen an den Pranger gestellt.

⑥

Rathaus

Rechtswesen im reichsstädtischen Nürnberg

Das Rathaus stellte im Mittelalter und der Frühen Neuzeit das Machtzentrum Nürnbergs dar. Hier wurde aber nicht nur Politik gemacht, sondern auch Recht gesprochen.

Die Rechtsprechung lag in Nürnberg seit dem Spätmittelalter in der Hand des Rates, der sich aus Mitgliedern der bedeutendsten Nürnberger Patrizierfamilien zusammensetze. Seit dem ausgehenden 13. Jahrhundert zog der Rat immer mehr Gerichtsrechte an sich und regelte des Zusammenleben in der Stadt durch eine eigene Rechtssetzung. Mit der Besetzung des Schultheißenamts gelang es der Reichsstadt 1427, die Hochgerichtsbarkeit in die Hände des Rates der Stadt zu bringen. Dessen Macht erstreckte sich damit auf alle Rechtsbereiche bis hin zur Verhängung der Todesstrafe.

Gesetzgeberisch war der Rat vor allem im Bereich des Zivilrechts tätig. Das wichtigste Gesetzeswerk, das in Nürnberg im Mittelalter und der Frühen Neuzeit erlassen wurde, war die »Nürnberger Rechtsreformation« von 1479. Diese Gesetzessammlung regelte zahlreiche Belage des Zivilrechts wie auch der Prozess-

Auf dem Titelblatt der »Nürnberger Rechtsreformation« sind die beiden Stadtheiligen St. Lorenz und St. Sebald zu sehen. Neben dem Prozessrecht wurden in dem Gesetzbuch beispielsweise auch Erb- und Familienrecht geregelt. Stich 1484.

Die beiden Kupferstiche zeigen die der Inhaftierung vorausgehende Prangerstrafe für den Raubmörder Johann Paul Forster 1821. Auch im 19. Jahrhundert wurde das Rathaus als Ort für den öffentlichen Strafvollzug genutzt.

ordnung. Sie blieb im Stadtgebiet in Teilen bis zur Einführung des Bürgerlichen Gesetzbuches gültig und wurde von mehreren anderen Städten und Territorien im Alten Reich adaptiert.

Im Strafrecht gab es ab dem 16. Jahrhundert eine einheitliche Gesetzgebung für das gesamte Reichsgebiet. 1532 erließ Kaiser Karl V. die nach ihm benannten Constitutio Criminalis Carolina. Diese »Peinliche Halsgerichtsordnung« regelte die Bestrafung einzelner Straftaten an Leib und Leben sowie das Strafprozessrecht, also den Weg zur Urteilsfindung. Auch der Nürnberger Rat, der ja in der Reichsstadt direkt dem Kaiser unterstellt war, setzte die Vorgaben der Carolina um.

Da die Mitglieder des Nürnberger Rates in der Regel im Bereich des römisch-kaiserlichen Rechts Laien waren, standen ihnen Ratskonsulenten mit entsprechender juristischer Ausbildung zur Seite. Der Carolina folgend konnte ein Verbrechen nur durch ein Geständnis oder durch zwei Tatzeugen

bewiesen werden. Wurde dieses Geständnis nicht erbracht und war die Indizienlage gegen die beschuldigte Person ausreichend stark, durfte die Folter eingesetzt werden, um ein Gestehen zu erzwingen. Die Fragen, die durch die ermittelnden Lochschöffen im Lochgefängnis unter dem Rathaus gestellt wurden, genehmigte der rechtssprechende Rat. Dieses sogenannte Inquisitionsverfahren wurde durch das Geständnis abgeschlossen. Kam es nicht zu dieser »Urgicht«, also dem Geständnis, wurde die beschuldigte Person freigelassen. Die Freilassung war dabei mit einer Urfehde, d.h. dem Schwur, dass man im Nachhinein nicht wegen des Prozesses gegen die Stadt vorgeht, verbunden.

Der Pranger befand sich an der Westfassade des alten Rathauses, zwischen dem rechten und dem mittleren Portal. Die Verurteilten wurden mit Halseisen an der Vorrichtung angekettet. Stich 17. Jahrhundert.

Erfolgte eine Verurteilung, musste das Urteil ebenfalls vom gesamten Kleinen Rat – dem inneren Kreis der Stadtregierung – beschlossen werden. Die Sitzungen zur Urteilsfindung fanden in der Ratsstube des Rathauses statt und waren geheim. Danach ging der Stadtrichter in das Lochgefängnis und verkündete das Urteil. Das Amt des Stadtrichters hatte dabei eine rein zeremonielle Funktion, da die Entscheidungen vom gesamten Rat getroffen wurden.

Auch Jahrhunderte nach der Hinrichtung Nikolaus Muffels bietet der Fall reichlich Stoff für Spekulationen. Um 1700 verewigte beispielsweise Johann Alexander Boener den Hingerichteten in einem Porträt.

Am Tag der Urteilsvollstreckung trat der Rat dann wiederum zusammen und bestätigte das Urteil. Manchmal kam es auch zu Abmilderungen. Das Urteil wurde darauffolgend im – in der Regel voll besetzten – Rathaussaal nochmals öffentlich verlesen, worauf sich dann ein Zug mit dem Verurteilten zur Richtstätte aufmachte.

Der Prozessablauf zeigt, dass es sich bei dem Weg von der Anklage bis zur Vollstreckung des Urteils nicht um ein willkürliches Verfahren handelte. Trotzdem geriet der rechtssprechende Nürnberger Rat immer wieder in die Kritik. Insbesondere ein bekannter Fall aus dem 15. Jahrhundert wirft Fragen nach der Unbefangenheit der Nürnberger Justiz auf: Nikolaus III. Muffel, der seit 1457 als Oberster Losunger einer der höchsten Repräsentanten Nürnbergs war, wurde 1469 am Galgen hingerichtet. Grund für seine Verurteilung war, dass er Gelder veruntreut und gestohlen haben sollte, um sich aus einer finanziell schwierigen Lage zu helfen. Diesen Diebstahl gestand er im Verhör ohne Folter. Unter der Folter gab er außerdem noch den Verrat von Ratsgeheimnissen zu. Scheinbar spielten bei seiner sehr raschen Verurteilung Feindschaften und Missgunst innerhalb des Rates – Muffel wurde von seinen Amtsnachfolgern verurteilt – eine große Rolle. Das Urteil wurde noch am Tag seiner Verkündung vollstreckt und fiel ungewöhnlich hart aus: Eigentlich hätte dem Patrizier eine ehrenhafte Hinrichtung mit dem Schwert zugestanden. Ob durch die Verurteilung ein mächtiger Politiker aus dem Weg geräumt werden sollte, konnte nie geklärt werden.

⑦

Lochgefängnisse

Untersuchungshaft und Folter

Zwei Stockwerke unter dem Ratssaal, in dem die Urteile des Rates öffentlich verkündet wurden, befinden sich die mittelalterlichen Lochgefängnisse. Die Bezeichnung »Loch« ist im modernen Sprachgebrauch für die Zellen im Rathauskeller sicherlich angemessen, dennoch handelt es sich bei dem Wort »Loch« einfach nur um die alte Bezeichnung für ein Gefängnis.

Das Gefängnis entstand mit dem Bau des Alten Rathauses ab 1332 durch Integration eines bereits vorher existierenden Gebäudes in den

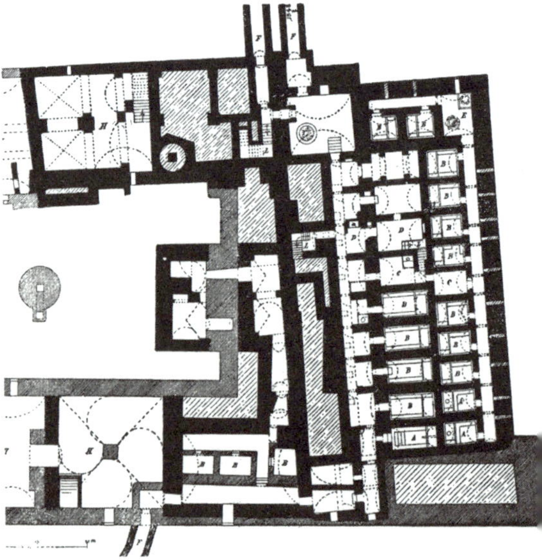

Die Darstellung zeigt den verwinkelten Aufbau der Gefängnisanlage. Die Nürnberger Lochgefängnisse gehören zu den größten heute noch erhaltenen Haftanstalten des Mittelalters. Zeichnung 1907.

A Folterkammer und Strafzellen.
B Gewöhnliche Zellen.
C Durchgang und Abort.
D Küche und Schmiede.
E Großer Vorplatz.
F Unterirdische Gänge.
H Kellerräume.
L Geheime Treppe von der Ratsstube in das Lochgefängnis.

Die Ausstellung in den Lochgefängnissen zeigt seit vielen Jahrzehnten eine Schmiede, wo angeblich die Folterinstrumente repariert worden sein sollen. Fotografie 1952.

Blick in eine Zelle. Fotografie 2011.

Neubau. Bei dem Vorgängerbau handelte es sich um ein Brothaus des Klosters Heilsbronn, also einen Ort, an dem sich die Nürnberger Bevölkerung mit Brot versorgen konnte. Um das Rathaus an dieser Stelle zu errichten, schüttete man das Gelände auf, sodass das Erdgeschoss des ehemaligen Brothauses in den Keller wanderte. Die vormaligen Verkaufsläden konnten damit leicht zu Gefängniszellen umgestaltet werden. Der bereits im alten Gebäude vorhandene Brunnen wurde erhalten und stellte die Wasserversorgung des »Lochs« sicher. Nürnberg erhielt damit ein städtisches Gefängnis, das den Dimensionen der sich rasch entwickelnden mittelalterlichen Großstadt entsprach.

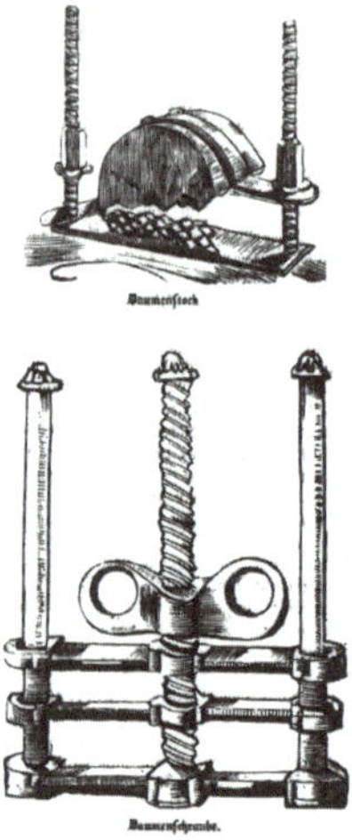

Daumenschrauben. Stich um 1870.

Immer wieder kam es in den Lochgefängnissen zu Suiziden. Der Stich aus dem Jahr 1802 berichtet von der Selbsttötung des Hafnermeisters Johann Ludwig Romer, der wegen Mordes zu lebenslanger Zuchthausstrafe verurteilt worden war.

Inhaftiert wurden in den Lochgefängnissen vor allem Untersuchungshäftlinge und bereits verurteilte Personen, die bis zum Vollzug ihrer Strafe hier festgehalten wurden. Das Konzept der Freiheitsstrafe, wie wir sie heute kennen, spielte

Eine häufig angewendete Foltermethode war das Aufziehen. Dabei wurden der beschuldigten Person die Arme hinter dem Rücken zusammengebunden und der Körper dann mithilfe einer Winde an den Armen nach oben gezogen. Stiche links um 1508, rechts um 1870.

im Mittelalter und der Frühen Neuzeit nur eine untergeordnete Rolle. Wenn eine Haftstrafe verhängt wurde, musste diese in einem der Türme, beispielsweise im Luginsland, abgesessen werden.

Die Haftbedingungen dürften in allen reichsstädtischen Gefängnissen ähnlich gewesen sein: Die engparzellierten Zellen des Lochgefängnisses wurden, um Feuchtigkeit und Kälte zumindest etwas abzuhalten, mit Holz ausgekleidet. Dennoch herrschten in den Kellerräumen konstant sehr niedrige Temperaturen. In den Zellen mussten die Inhaftierten in der Dunkelheit ausharren. Lediglich die Gänge waren schwach beleuchtet. Zur Einrichtung der Hafträume gehörte eine einfache Holzpritsche zum Schlafen sowie ein Eimer als Toilette, der – mit einem Brett abgedeckt – gleichzeitig als Tisch genutzt werden musste.

Für das Gefängnis als Ganzes und damit auch die Versorgung der Gefangenen war der Lochhüter – unterstützt durch weitere

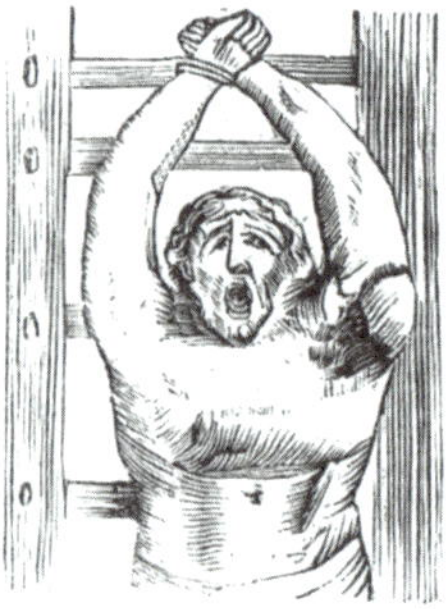

Blick in die als »Kapelle« bezeichnete Folterkammer mit der Winde und einer Leiter, an denen man Beschuldigte aufzog. Fotografie 2011 und Stich um 1870.

Wachen, Mägde und Gehilfen – zuständig. In der gefängniseigenen Küche wurde die Nahrung für die einsitzenden Personen zubereitet. Für die Verpflegung mussten die Inhaftierten selbst aufkommen. In der Regel gab es Brot und Wassersuppe zu essen. Reichere Häftlinge konnten sich bessere Speisen auftischen lassen.

Die schlechten Haftbedingungen waren sicherlich der Erzwingung der vor allem ab der Frühen Neuzeit zur Verurteilung dringend benötigten Geständnisse zuträglich. Das Ermittlungsverfahren wie auch der Prozess wurden im Gefängnis durchgeführt. So befand sich in den Lochgefängnissen auch die Folterkammer. Diese, wohl aufgrund ihres Gewölbes auch als »Kapelle« bezeichnet, war durch eine Öffnung mit dem darüber liegenden Raum verbunden. Damit mussten die Ratsherren nicht unmittelbar an der Folter teilnehmen, sondern konnten das, was in der Folterkammer passierte, hörend verfolgen.

Bis heute sind in den Lochgefängnissen besonders grausame Hafträume zu sehen, die »Stockzellen«. In diesen wurden die Gefangenen teilweise über Stunden an Beinen und Armen in einem hölzernen Gestell fixiert. Diese Form der Inhaftierung wurde beispielweise genutzt, um Geheimnisse aus Kriegsgefangenen herauszupressen. Fotografie 2011 und Stich um 1900.

Die Befragung und die Folter unterlagen gesetzlichen Regeln. Das Verhör nahmen die Lochschöffen vor, alles wurde von einem Lochschreiber dokumentiert. Erst wenn nach der Vernehmung der Verdacht gegen den Beschuldigten noch immer bestand und kein Geständnis abgelegt worden war, wurde als letztes Mittel die »peinliche Befragung« eingesetzt. Die Folterung gehörte zum Aufgabengebiet des Henkers.

Erfolgte am Ende des Prozesses die Verurteilung, verblieben die betroffenen Personen bis zur Vollstreckung des Urteils im Gefängnis. Wurde eine Todesstrafe verhängt, verbrachte der Todeskandidat oder die Todeskandidatin die letzten Tage bis zur Hinrichtung in einer Zelle mit Tageslicht und wurde mit besserem Essen versorgt.

Das Lochgefängnis blieb bis zum Übergang Nürnbergs an Bayern im Jahr 1806 in Betrieb. Seit dem 19. Jahrhundert ist seine Besichtigung eine Attraktion für Touristinnen und Touristen.

⑧

Ehemalige Hauptwache

Ordnungshüter in Nürnberg

Im Mittelalter und der Frühen Neuzeit waren die Stadtknechte für viele polizeiliche Aufgaben in Nürnberg zuständig. Stich von Jakob Andreas Friderich um 1730.

Dort, wo heute tausende von Bratwürsten verkauft werden, befanden sich seit dem Mittelalter unterschiedliche Institutionen städtischer bzw. staatlicher Obrigkeit. Auch wenn es in den mittelalterlichen und frühneuzeitlichen Territorien keine Polizei gab, wie wir sie heute kennen, wurde das Zusammenleben durch herrschaftliche Exekutivorgane kontrolliert und organisiert.

Im spätmittelalterlichen Nürnberg ist sogar ein sehr umfangreicher Sicherheitsapparat dokumentiert. Dieser sollte dazu dienen, den innerstädtischen Frieden aufrecht zu halten. Zuständig für die innere wie äußere Sicherheit der Stadt waren drei »Kriegsherren«. Diese rekrutierten sich aus dem Kleinen Rat, also der Spitze der patrizischen Stadtregierung. Ihnen unterstellt waren die drei obersten Hauptleute samt deren Aufsichts- und Wachpersonal. In deren Kompetenzbereich lagen im Grunde alle polizeilichen Aufgaben in der Stadt. Sie waren also unter anderem für Verhaftungen, Streifen, Aufsichts- und Wachdienste sowie die Oberaufsicht bei Hinrichtungen zuständig.

Häufig fielen die Ordnungshüter im spätmittelalterlichen und frühneuzeitlichen Nürnberg durch große Brutalität gegenüber den Bewohnerinnen und Bewohnern der Stadt auf. Der städ-

Vor der Hauptwache der Polizei stehen die Beamten Spalier. 1903 wurde die Wache nach fast 100 Jahren in die Deutschhauskaserne abgezogen. Fotografie um 1900.

tische Dienst als Stadtknecht oder -schütze war nicht hoch angesehen. Meist ergriffen verarmte Handwerker oder sozial noch schlechter gestellte Männer diese Berufe. Im Vergleich mit anderen Städten lässt sich Nürnberg jedoch als verhältnismäßig sichere Großstadt beschreiben.

Auch der Handel und das Handwerk in der Stadt wurden streng kontrolliert. So befand sich beispielsweise ab 1454 an der Stelle des heutigen Bratwursthäusles die »Alte Schau«, also das Beschauamt für die Nürnberger Goldschmiede.

Mit dem Übergang Nürnbergs an Bayern im Jahr 1806 kam auch die städtische Ordnungs- und Sicherheitspolitik zu einem Ende und wurde zentral organisiert. Nach Abbruch der »Alten Schau« wurde an deren Stelle 1810 die Hauptwache der Polizei in Nürnberg errichtet. Diese verblieb bis 1903 in dem neoklassizistischen Gebäude, das während des Zweiten Weltkriegs zerstört wurde.

⑨

Fünfeckturm

Foltermuseum und Sagenhaftes

Die Eiserne Jungfrau war das populärste Ausstellungsstück des Foltermuseums und wurde dementsprechend präsentiert und beworben. Postkarte und Fotografie um 1890.

Der Fünfeckturm – ursprünglich Bergfried der Burggrafenburg – diente nach 1427 als Gefängnis. Ab dem 19. Jahrhundert wurde der Turm zu einer der bedeutendsten touristischen Attraktionen Nürnbergs: 1877 eröffnete der Antiquitätenhändler Georg Friedrich Geuder in dem Gebäude ein Foltermuseum. In düsterer Atmosphäre stellte der Geschäftsmann seine umfangreiche private Sammlung an Folterwerkzeugen und Rechtsaltertümern aus.

Die Ausstellung zielte dabei nicht vorrangig auf die Bildung der Besucherinnen und Besucher ab, sondern wollte die Gäste vor allem mit verzerrten Bildern des »finsteren Mittelalters« unterhalten. So wurde in der Schau nicht zwischen den Folterungen als Mitteln des Strafprozesses und Hinrichtungen als Form der Bestrafung unterschieden. Auch darauf, dass die meisten ausgestellten Gegenstände gar nicht aus dem Mittelalter, sondern der Frühen Neuzeit stammten, wurde kaum Rücksicht genommen.

Um den Gruseleffekt zu verstärken, griff man auf phantasievolle »Ergänzungen« an historischen Objekten zurück. Das berühmteste Beispiel hierfür ist die »Eiserne Jungfrau«. Um diesen vermeintlich brutalen Tötungsapparat ranken sich seit dem 19. Jahrhundert einige Sagen und Er-

Über 70.000 Touristinnen und Touristen besuchten pro Jahr das Foltermuseum im Fünfeckturm bis wenige Jahre vor dessen Zerstörung 1945. Postkarte 1912.

Nicht totzukriegen: Der falsche Mythos der Eisernen Jungfrau wird bis in die heutige Zeit in Filmen, Romanen, ja sogar in Computerspielen aufgegriffen und gilt als Inbegriff grausamer mittelalterlicher Justiz. Postkarte 1899 und Filmplakat 1972.

Das Foltermuseum umfasste eine sehr große Sammlung. Neben Folter- und Hinrichtungsinstrumenten wurden auch Waffen und Kuriositäten in den reichbestückten Ausstellungsräumen gezeigt. Die alten Turmräume schufen eine passende Atmosphäre für die Ausstellung. Stich um 1870.

zählungen. Inspiriert von diesen ließ Geuder 1857 eine Eiserne Jungfrau herstellen. Er nutzte dazu einen mittelalterlichen Schandmantel, der mit einem Kopfteil sowie langen Metallspitzen im Inneren ergänzt wurde. Dieser Umbau sollte also den Anschein erwecken, als wäre die Person in dem Gebilde beim Schließen der Tür von den Spitzen durchbohrt worden. Die Popularität der Eisernen Jungfrau wurde Ende des 19. Jahrhunderts nochmals gesteigert, als der irische Schriftsteller Bram Stoker (»Dracula«) eine Kurzgeschichte mit dem Titel »Die Squaw« rund um den Apparat verfasste.

Die enge Verzahnung des Historischen mit dem Sagenhaften wird vor allem an einem Raum des Foltermuseums deutlich. Als »Eppeleins Gefängnis« betitelt, widmete sich diese Ausstellungseinheit einer der bekanntesten Nürnberger Sagengestalten. Der Sage nach soll der Raubritter

Auch mittelalterliche Schandmasken, die in der Regel an Tierköpfe erinnern sollten, fanden sich in der Sammlung. Fotografie um 1890.

Der Sprung des verurteilten Raubritters Eppelein von Gailingen über die Burgmauer wurde um 1900 auf zahlreichen Postkarten abgebildet. Neben dem Galgen ist der Fünfeckturm zu sehen. Postkarte 1901.

Eppelein von Gailingen 1375 seiner Hinrichtung direkt neben dem Fünfeckturm durch einen Sprung mit seinem Pferd über den Burggraben entkommen sein.

Geuders Sammlung wurde 1931 an die Stadt Nürnberg übertragen. Der Turm wurde bei den Luftangriffen des Zweiten Weltkriegs schwer beschädigt, auch ein Teil der ausgestellten Objekte verbrannte. Heute finden sich zahlreiche Stücke der Sammlung – u.a. die Eiserne Jungfrau – im Mittelalterlichen Kriminalmuseum in Rothenburg ob der Tauber.

Eppeleins Gefängnis wurde im Foltermuseum phantasiereich nachgebildet. Fotografie um 1890.

Auch wenn das Nürnberger Foltermuseum ein herausragendes Beispiel ist, so war es jedoch nicht das einzige seiner Art. In vielen deutschen Städten entstanden im 19. Jahrhundert ähnliche Stätten, die die Besucherinnen und Besucher zum Gruseln einluden und dabei die historische Realität zumindest in größtmöglicher Dramatik darstellten. Bis heute ist unsere Sichtweise auf das Mittelalter in Teilen stark von der schwarzen Romantik des 19. Jahrhunderts geprägt.

⑩

Freiung

Königliches Asyl im Mittelalter

Ludwig IV. verfügte Mitte des 14. Jahrhunderts, dass des Mordes verdächtigte Personen auf der Freiung keinen Schutz mehr erhalten sollten. Abguss eines Sandsteinreliefes aus dem großen Rathaussaal des Nürnberger Rathauses von 1339/40.

Heute ist die Freiung der Nürnberger Burg ein beliebter Aussichtspunkt. Im Mittelalter handelte es sich bei dem Platz jedoch um einen besonderen Rechtsbereich. Anders als im modernen Rechtsverständnis gab es in dieser Zeit Orte innerhalb einer Stadt, die vom allgemeingültigen Recht ausgeschlossen waren. Dazu zählten beispielsweise die Klöster mit ihren Immunitäten. Warum war aber auch die Freiung ein Ort, an den man sich vor Strafverfolgung flüchten konnte?

Durch die Zugehörigkeit zum burggräflichen bzw. königlichen Burgareal galt die Freiung als Reichsboden und auf diesem hatte die städtische

Die große Anlage der Kaiserburg mit der ihr vorgelagerten Freiung war Symbol für die Macht des Kaisers in der Reichsstadt Nürnberg. Kolorierter Kupferstich von Johann Adam Delsenbach, um 1720.

Die seit dem 19. Jahrhundert vor allem bei Touristinnen und Touristen beliebte Freiung war im Mittelalter Teil der Burggrafenburg. Die Nürnberger Burggrafen nahmen bis in das 15. Jahrhundert als königliche Amtsträger administrative, militärische und richterliche Aufgaben wahr. Postkarte 1910.

Obrigkeit keinen Zugriff auf Personen, die sich wegen einer Straftat oder auch Überschuldung hierhin flüchteten. Der Zugang zur Freiung konnte im Mittelalter nur über die der Kaiserburg vorgelagerte Burggrafenburg erfolgen. War es einer geflüchteten Person gelungen, den geschützten Ort zu betreten, konnte sie versuchen, einen Vergleich mit den Klägern zu erwirken oder über das Burgtor die Stadt gänzlich zu verlassen. In der mittelalterlichen Rechtstradition hatte eine solche Freiung also den Zweck, der beschuldigten Person eine außergerichtliche Einigung zu ermöglichen.

In der Praxis erwies sich diese Asylmöglichkeit für die aufstrebende Reichsstadt Nürnberg als Hindernis in der Strafverfolgung und in der Durchsetzung ihrer Herrschaftsrechte. Aus diesem Grund erreichte man im 14. Jahrhundert bei Kaiser Ludwig IV. (»dem Bayern«) deutliche Einschränkungen des Asylrechtes, insbesondere bei Beschuldigten schwerer Verbrechen. Mit dem Verkauf der Burggrafenburg an die Stadt Nürnberg ging auch die Freiung 1427 schließlich in den städtischen Besitz über.

⑪

Gerichtsgebäude

Rechtsprechung im Wandel der Zeit

Blick in die repräsentative Eingangshalle des Gerichtsgebäudes Weintraubengasse 1. Heute entscheidet in dem Gebäude das Sozialgericht über Rechtsfragen, die etwa die Sozialversicherung oder die Arbeitslosenversicherung betreffen. Fotografie 2019.

Durch die Eingliederung Nürnbergs in das Königreich Bayern 1806 musste das Justizwesen, das bis zu diesem Zeitpunkt in den Händen der patrizischen Stadtregierung gelegen hatte, neu geregelt werden.

In Nürnberg wurden im 19. Jahrhundert einige bayerische Justizbehörden angesiedelt, die an verschiedenen Orten in der Stadt untergebracht waren. Durch die Industrialisierung wuchs die Bevölkerungszahl in der Stadt rasch an und damit stieg auch die Menge der von den Gerichten zu bearbeitenden Fälle. 1871 wurde zudem von der Regierung beschlossen, dass das Appellationsgericht für Mittelfranken von Eichstätt nach Nürnberg verlegt werden sollte. Damit wurde die Errichtung eines großen Justizgebäudes in der Stadt unumgänglich.

Als passenden Platz für das Justizgebäude wählte man den Bereich des ehemaligen Augustinerklosters in der Nähe des Weinmarktes. Für den Neubau wurden die noch erhaltenen Klostergebäude 1872 abgerissen. 1877 konnten schließlich Amts-, Land- und Oberlandesgericht das Gebäude beziehen. Durch mehrere Gerichtsreformen sowie den weiteren Anstieg der Bevölkerungszahl Nürnbergs geriet das Justizgebäude an der Winklerstraße trotz einer Erweiterung

Das vom städtischen Baurat Bernhard Solger 1872–1877 errichtete »Alte Justizgebäude« wurde im Zweiten Weltkrieg zerstört. Heute steht hier das Parkhaus Augustinerstraße. Postkarte 1918.

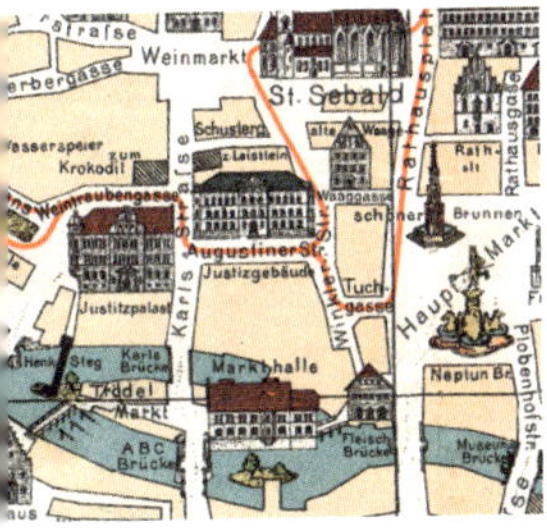

Das (alte) Justizgebäude in der Augustinerstraße und der (neue) Justizpalast in der Weintraubengasse, Ausschnitt aus dem Monumentaplan der Stadt Nürnberg um 1912.

1892 schnell an die Grenzen seiner räumlichen Möglichkeiten.

1896 entschloss sich die Staatsregierung, in nächster Nähe zum zu klein gewordenen Justizgebäude erneut einen Neubau zu realisieren. In der Weintraubengasse 1 errichtete man von 1899 bis 1901 ein weiteres Gerichtsgebäude, das das Oberlandesgericht sowie die Oberstaatsanwaltschaft bezogen. Amts- und Landgericht verblieben am alten Standort.

Der enorme Wandel, dem Nürnberg in dieser Zeit unterworfen war, wird daran deutlich, dass nur sechs Jahre nach dem Bezug des neuen Gerichtsgebäudes ein weiteres Mal neu geplant und schließlich gebaut wurde: Aufgrund erneuter Raumknappheit entschied man sich 1907 für eine Verlegung der Gerichte aus der Altstadt. Als Standort wurde die Fürther Straße gewählt und bis 1915 wurde der dortige Justizpalast gebaut.

Das um 1900 errichtete Gerichtsgebäude in der Altstadt nutzte man als Regierungsgebäude weiter. Seit 1954 ist das Sozialgericht Nürnberg in dem repräsentativen Bau beheimatet.

⑫

Kaspar Hauser

Ein ungelöster Kriminalfall

Auf dem Grabstein Kaspar Hausers auf dem Ansbacher Stadtfriedhof ist in lateinischer Sprache zu lesen: »Hier ruht Kaspar Hauser, das Rätsel seiner Zeit: von unbekannter Herkunft und geheimnisvollem Tod«. Fotografie 2014.

Am 26. Mai 1828 wurde ein junger Mann am Unschlittplatz aufgefunden, der sich nur sehr schlecht artikulieren konnte und verwahrlost wirkte. Bei dem etwa 16-jährigen Jugendlichen handelte es sich um Kaspar Hauser, dessen kurzes Leben bis heute fasziniert und zahlreiche Rätsel aufgibt.

Hauser hatte zwei Briefe bei sich, die aber ebenfalls kaum Anhaltspunkte zur Klärung seiner Identität lieferten. Der junge Mann behauptete, er hätte bis zu dem Zeitpunkt als er von einem Unbekannten nach Nürnberg gebracht worden war, ohne Kontakt zu Menschen in einem Verlies bei Wasser und Brot leben müssen. Des Weiteren erklärte er, erst kurz vor seiner Aussetzung in Nürnberg Lesen, Schreiben, Stehen und Gehen beigebracht bekommen zu haben. Zunächst hielt man Kaspar Hauser für einen Landstreicher und ließ ihn in Gewahrsam nehmen. Doch schnell breitete sich ein reges Interesse an dem merkwürdigen jungen Mann aus. Viele Wissenschaftler untersuchten ihn. Schon bald wurde auch im Ausland über die Geschichte und das Schicksal Kaspar Hausers diskutiert.

Der Jugendliche wurde zur Pflege und Erziehung bei dem beurlaubten Gymnasiallehrer Georg Friedrich Daumer in Nürnberg untergebracht.

Im 19. Jahrhundert war der Unschlittplatz ein belebter Ort. Heute ist der Platz vor allem wegen seiner historischen Bausubstanz, die den Zweiten Weltkrieg in weiten Teilen überstanden hat, interessant. Postkarte um 1905.

Das Interesse an Kaspar Hauser war kurz nach seiner Auffindung so groß, dass einige Abbildungen von ihm angefertigt wurden. Undatierte, getuschte Federzeichnung von Johann Georg Laminit nach einer Radierung aus dem Jahr 1828.

Auch dieser führte mit ihm eine Vielzahl an Tests durch und unterrichtete ihn. Im Oktober 1828 ereignete sich ein Vorfall, der das Interesse an Kaspar Hauser in der Öffentlichkeit erneut groß werden ließ: Der junge Mann wurde mit einer

Spätestens die mysteriösen Todesumstände lösten ein bis in die Gegenwart andauerndes Rätseln über das Leben und Sterben des Kaspar Hauser aus und befeuerten diverse Veschwörungstheorien. Auf der kolorierten Radierung von etwa 1840 wird das Attentat auf den jungen Mann dramatisch dargestellt.

Stichwunde an der Stirn im Keller des Hauses seines Lehrers aufgefunden. Hauser behauptete, dass der Mann, der ihn nach Nürnberg gebracht hätte, ihn in Tötungsabsicht überfallen hätte. Erkannt hätte er den Täter an der Stimme.

Trotz intensiver Ermittlungen konnte der vermeintliche Übergriff nicht aufgeklärt werden. Zur Sicherheit wurde Hauser nun im Haushalt des Magistratsrats Biberbach untergebracht. Das Attentat nährte Gerüchte, der junge Mann stamme aus dem Hochadel und sei eigentlich der 1812 geborene badische Erbprinz. Dieser sei aus dem Weg geschafft worden, um eine Nebenlinie des badischen Fürstenhauses an die Macht zu bringen. Auf der anderen Seite wurden aber auch Stimmen laut, Hauser sei ein Betrüger und hätte sich die Verletzungen selbst zugefügt, um Aufmerksamkeit auf sich zu ziehen.

Nach einem weiteren merkwürdigen Vorfall – Hauser löst in seinem Zimmer angeblich versehentlich einen Pistolenschuss aus – wechselte er erneut den Wohnort und wurde bei seinem Vormund Gottlieb von Tucher untergebracht. Obwohl hier die Besuche neugieriger Menschen ein-

Auch in Literatur, Film und Musik lebt die Legende Kaspar Hausers weiter. Filmplakate und LP-Hüllen von 1968 bis 2013.

geschränkt wurden, baute Philip Henry Earl Stanhope Kontakt zu dem Jugendlichen auf und erhielt schließlich im Dezember 1831 dessen Pflegschaft. Damit endete die Nürnberger Episode Kaspar Hausers. Der Earl ließ ihn in die Obhut des Lehrers Johann Georg Meyer in Ansbach geben. Der Gerichtspräsident Anselm von Feuerbach übernahm während Stanhopes zahlreichen Reisen die Fürsorge für Hauser. Stanhope versuchte die Identität seines Schützlings mit Nachdruck zu klären. Im Laufe seiner Untersuchungen rückte er immer weiter von Kaspar Hauser ab, da er keine stichhaltigen Beweise für dessen Aussagen finden konnte. Der junge Mann hingegen verkehrte in der gehobenen Gesellschaft in Ansbach.

Ebenso rätselhaft wie sein Leben ist auch der Tod Kaspar Hausers am 14. Dezember 1833: Nach einem Aufenthalt im Ansbacher Hofgarten kehrte er mit einer Stichwunde nach Hause zurück. Er gab an, dass er sich mit einem ihm Unbekannten hätte treffen wollen, diesen aber zunächst nicht antraf und dann von einem fremden Mann niedergestochen worden sei. Am späten Abend desselben Tages erlag Hauser seiner Verletzung.

Die Ärzte, die den Leichnam obduzierten, waren sich uneinig, ob der junge Mann durch Selbstverletzung oder Fremdeinwirkung gestorben war. Ermittlungen liefen ins Leere, obgleich der bayerische König Ludwig I. eine hohe Summe auf die Ergreifung des Täters aussetzte.

Bis heute ist die Identität Kaspar Hausers nicht geklärt. Die Forschung geht allerdings eher davon aus, dass der Mann weder badischer Erbprinz war, noch ohne jeden Kontakt zu anderen Menschen aufgewachsen sein kann.

⑬

Henkerhaus

Vom Wehrgang zur Dienstwohnung des Nachrichters

Kaum ein Ensemble spiegelt die Nürnberger Fachwerkromantik stärker wider als das Henkerhaus, der Henkerturm und der Weinstadel. Doch die pittoreske Ecke war lange Zeit keiner von Nürnbergs Vorzeigeplätzen.

Mit Erweiterung der Stadtmauer im 15. Jahrhundert verloren die Wehrgänge an beiden Pegnitzarmen um die Trödelmarktinsel sowie der später als Henkerturm bezeichnete Turm zwischen den Gängen ihre Funktion. Ähnlich wie beim Schuldturm und den Wehrgängen an der Insel Schütt führte man die Gebäude einer neuen Nut-

Blick auf das Henkerhaus von Osten. Die Pegnitzpartie rund um das Henkerhaus zählte bereits um 1900 zu den attraktivsten Plätzen in der historischen Nürnberger Altstadt. Der Wasserturm (rechts) wurde nach der Erweiterung der Stadtbefestigung bis zum Ende der reichsstädtischen Zeit als Gefängnis genutzt. Postkarte 1907.

Das Henkerhaus war Teil der vorletzten Stadtmauer und liegt zwischen Henkerturm (rechts) und Wasserturm (links). Der in den 1440er Jahren errichtete mächtige Fachwerkbau des Weinstadels verweist aufgrund seiner repräsentativen Gestaltung auf Nürnbergs Blütezeit im 15. Jahrhundert. Postkarte um 1900.

zung zu. Die Wehrgänge wurden geschlossen und zu Dienstwohnungen für den in Nürnberg als »Nachrichter« bezeichneten Henker und seinen Gehilfen, den »Löwen«, umgebaut. Heute existiert nur noch das Henkerhaus, die Wohnung des »Löwen« wurde Ende des 16. Jahrhunderts abgebrochen.

Der Henker und sein Gehilfe standen im Mittelalter und der Frühen Neuzeit am Rande der Gesellschaft. Dies wird auch deutlich, wenn man sich die Umgebung ihrer Behausungen näher ansieht. So wurde der mächtige Weinstadel zwischen 1446 und 1448 als »Sondersiechenhaus« errichtet. Das Gebäude wurde also nur bewohnt, wenn die Leprakranken in der Karwoche in die Stadt ge-

Blick auf das Henkerhaus von Westen: rechts an das Henkerhaus schloss sich die Wohnung des Henkergehilfen an. Bei einem schweren Hochwasser 1595 wurde der hölzerne Henkersteg weggerissen und etliche Personen fielen in die Pegnitz. Zeichnung von Lorenz Straub 1579 und Zeichnung aus der Neubauerschen Chronik vor 1613 (unten).

lassen wurden, um sich hier ihren Lebensunterhalt zu erbetteln. Ab 1575 wurde das Gebäude als städtisches Weinlager einer neuen Nutzung zugeführt.

Auch war das Leben am Fluss durchaus nicht so beschaulich, wie es auf den ersten Blick heute wirken mag. Die Wasserkraft der Pegnitz war im Mittelalter und der Frühen Neuzeit im wahrsten Sinne des Wortes der Motor für die städtische Wirtschaft. Zwischen Henkerhaus und Stadtmauer hingen zahlreiche Mühlräder der Nägeleins- und der Dürrenmühle im Fluss. Auch das auf der südlichen Pegnitzseite gelegene Un-

So romantisch wie sich das Ensemble rund um das Henkerhaus in späteren Jahrhunderten darstellte, war es im Mittelalter und der Frühen Neuzeit keineswegs. Durch die vielen Mühlen in der näheren Umgebung dürfte u.a. die Lärmbelastung erheblich gewesen sein. Druck 19. Jahrhundert.

schlitthaus beherbergte mit dem Unschlittamt einen Betrieb, den man sich wegen der unangenehmen Gerüche nicht in der Nachbarschaft wünscht. Hier wurden aus Schlachtabfällen durch Auskochen Lampenöl hergestellt. Hinzu kamen noch die im Fluss treibenden Schlachtabfälle der Metzger an der Fleischbrücke sowie eine öffentliche Toilettenanlage am Weinstadel.

Nachdem Anfang des 19. Jahrhunderts der letzte Henker der Reichsstadt seinen Dienst beendete, entwickelte sich die Gegend rund um das Henkerhaus im wachsenden Nürnberg-Tourismus zu einem beliebten Postkartenmotiv. Ähnlich wie das Lochgefängnis und das Foltermuseum im Fünfeckturm bediente die Pegnitzüberbrückung, die rund 400 Jahre lang Wohnort der Nürnberger Henker gewesen war, das Bedürfnis nach Schauer- und zugleich auch Fachwerkromantik vieler Besucherinnen und Besucher der Stadt.

⑭

Ausstellung im Henkerhaus

Die Nürnberger Henker

Die Ausstellung im Henkerhaus kann sowohl von Einzelbesucherinnen und -besuchern als auch im Rahmen einer kriminalhistorischen Stadtführung mit Geschichte Für Alle e.V. besucht werden.

Seit 2007 zeigt Geschichte Für Alle e.V. im Henkerhaus eine Ausstellung zur Nürnberger Rechtsgeschichte. Insbesondere die Bewohner des Gebäudes, die städtischen Henker, werden in der ehemaligen Dienstwohnung vorgestellt. Dabei liegt der Fokus auf Nürnbergs bekanntestem Nachrichter: Franz Schmidt, der von 1577 bis 1617 in den Diensten der Stadt Nürnberg stand.

Aufgrund von Umnutzungen und der schweren Beschädigung des Gebäudes im Zweiten Weltkrieg ist heute nicht mehr nachvollziehbar, wie die einzelnen Räume früher genutzt wurden und gestaltet waren. Lediglich der Aborterker, die

Die Zeichnung aus dem Nürnberger Malefizbuch zeigt Franz Schmidt bei der Hinrichtung eines Diebes 1591. Darüber ist die Unterschrift des Nachrichters zu sehen.

Das Köpfen mit dem Schwert galt als schmerzfreie Hinrichtungsart. Die Aufgabe des Henkers war daher, genau die Halswirbelsäule beim Schlag mit dem schweren Richtschwert zu treffen und der verurteilten Person damit weitere Schmerzen zu ersparen. Zeichnung aus der Neubauerschen Chronik vor 1613.

ehemalige Toilette des Hauses, ist eindeutig zuordenbar. Man darf sich jedoch das Leben in dem Haus als nicht allzu angenehm vorstellen. Durch die Lage über dem Fluss war man sehr stark den Witterungseinflüssen, der Feuchtigkeit und damit der Kälte ausgesetzt.

Doch wer waren die Bewohner des Henkerhauses? In Nürnberg ist ein Nachrichter in städtischen Diensten erstmals 1378 in den Quellen nachweisbar. Genaue Kenntnisse über die Aufgaben des Henkers in Nürnberg haben wir ab dem 15. Jahrhundert. Zu dieser Zeit wurde festgeschrieben, dass dieser zum einen die Folter leitete und zum anderen für die Ausführung aller Ehren-, Leib- und Todesstrafen zuständig war. Das Amt des Henkers wurde meist von Personen bekleidet, die am Rande der Gesellschaft standen.

Ab Ende des 16. Jahrhunderts wurden auch Frauen in Nürnberg mit dem Schwert oder dem Strang gerichtet. Anders als Männer wurden diese im Sitzen exekutiert. Auch in der Frühen Neuzeit wurden Frauen seltener straffällig als Männer, was sich beispielsweise an den Hinrichtungszahlen ablesen lässt. Zeichnung aus der Neubauerschen Chronik vor 1613.

Die Henker, ihre Familien und Gehilfen galten als »Unehrliche«. Die Unehrlichkeit hatte juristische und soziale Folgen für die Betroffenen. So war es unehrlichen Personen in der Regel nicht möglich, das Bürgerrecht in einer Stadt zu erwerben. Auch war den Nachkommen der Zugang zu »ehrlichen Berufen« verwehrt. Wie stark jedoch die sozialen Ausgrenzungen im Einzelfall waren, ist nicht eindeutig zu beantworten. Dies wird vor allem am Beispiel des Nürnberger Henkers Franz Schmidt deutlich.

Franz Schmidt wurde wohl 1554 geboren. Von seinem Vater Heinrich, der ab 1572 das Scharfrichteramt im Hochstift Bamberg innehatte, wurde er auf eine Karriere als Henker vorbereitet. Mit Erlaubnis des Gerichts übernahm er bereits ab 1573 »zur Erprobung« Hinrichtungen für seinen Vater. Als der Nürnberger Henker – ein Schwager von Franz Schmidt – körperlich der Aufgabe nicht mehr gewachsen war, führte

Das Rädern wurde als besonders grausame Hinrichtungsart nur als Strafe für sehr schwere Verbrechen angewendet. In seinen 40 Dienstjahren richtete Franz Schmidt 30 Personen mit dem Rad. Zeichnung aus der Neubauerschen Chronik vor 1613.

Johann Michael Widmann war von 1666 bis 1697 der Nürnberger Henker. Kupferstich um 1700.

Schmidt einige Hinrichtungen auf unterschiedliche Arten »zur Probe« durch. Ab 1578 wurde er schließlich zunächst zeitlich befristet, dann auf Lebenszeit als Nachrichter für das Nürnberger Territorium, das neben der Stadt auch das Landgebiet mit einschloss, bestellt. Mit dem Eintritt in den städtischen Dienst bezog der Henker seine Dienstwohnung über der Pegnitz. 1579 heiratete er Maria Peck, eine »ehrliche« Nürnbergerin aus einer armen Bürgerfamilie. Aus der Ehe gingen sieben Kinder hervor. Bereits an der Heirat mit einer Bürgerin wird deutlich, dass Franz Schmidt wegen seines Berufs zumindest nicht völlig aus der städtischen Gesellschaft ausgeschlossen war. Der Nachrichter scheint auch kontinuierlich an seinem sozialen Aufstieg gearbeitet zu haben. So wurde ihm bereits in seiner aktiven Laufbahn 1593 das Nürnberger Bürgerrecht verliehen. Dadurch schaffte er es, den Makel seiner Unehrlichkeit für sich und seine Nachkommen zu marginalisieren.

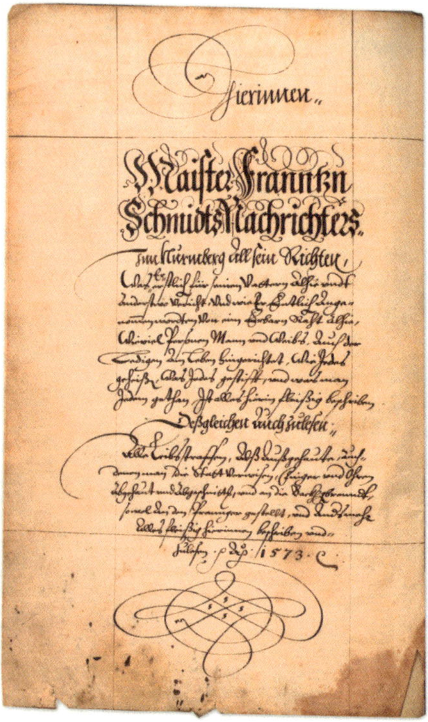
Hierinnen

Maister Frantzn Schmidts Nachrichters

Deßgleichen auch zu lesen

Das originale Tagebuch von Franz Schmidt ist verschollen. Es sind heute sieben handschriftliche Abschriften des Werkes bekannt, die große Ähnlichkeit zueinander aufweisen. Die gezeigte Abschrift stammt aus dem 18. Jahrhundert.

Über das Berufsleben von Franz Schmidt sind wir heute sehr gut informiert, da er während seiner gesamten Amtszeit all seine 361 Exekutionen und 345 Leibstrafen protokollierte. Das als »Tagebuch« bekannte Werk »All mein Richten« ist in Abschriften erhalten und bietet vielfältige Einblicke in die Kriminal-, aber auch Sozialgeschichte Nürnbergs um 1600. Die Anzahl der aufgeführten Todesstrafen zeigt, dass diese keineswegs an der Tagesordnung waren. Vielmehr handelte es sich dabei um herausragende Ereignisse in der Stadt, die auch von den Bewohnerinnen und Bewohnern als solche wahrgenommen wurden. 1578 richtete Schmidt beispielsweise 13 Menschen hin. Darunter waren sieben Diebe, zwei Mörder, eine Kindsmörderin, ein Vergewaltiger, ein Räuber und ein Verleumder. Die für moderne Leserinnen und Leser ungewöhnliche Nüchternheit der Berichte im »Tagebuch« zeigt, wie selbstverständlich die körperliche Bestrafung als Antwort auf Verbrechen war. Franz Schmidt und die anderen Nürnberger Scharfrichter dürften ihr Amt als ein Handwerk verstanden haben.

Nachdem Franz Schmidt nicht mehr in der Lage war, den körperlich anstrengenden Beruf auszuüben, ging er am 16. Juli 1618 in den Ruhe-

Trotz erster Kritik an öffentlichen Hinrichtungen durch die Aufklärung im 18. Jahrhundert wurde an dem »Theater des Schreckens« auch im 19. Jahrhundert festgehalten. Der Stich zeigt die letzte Hinrichtung im reichsstädtischen Nürnberg am 29. April 1806.

stand. Wenige Jahre später zog er in die Obere Wörthstraße, wo er ein Haus erworben hatte. Hier lebte er bis zu seinem Tod 1634.

Nach Franz Schmidt übten noch neun Henker das Scharfrichteramt in der Reichsstadt aus und bewohnten das Henkerhaus. Anders als Schmidt, der auf einen recht zivilisierten Lebenswandel bedacht gewesen zu sein scheint, fielen etliche seiner Nachfolger durch exzessive Trinkerei oder auch Spielerei auf. Der schreibende Scharfrichter scheint also in Nürnberg eher eine Ausnahmefigur gewesen zu sein, auch wenn ab dem 19. Jahrhundert Berichte oder Lebenserinnerungen von Scharfrichtern eine beliebte Literaturform wurden. Auch Franz Schmidts Tagebuch erschien 1801 als (teilweise zensierte) Druckausgabe, die weite Verbreitung fand.

⑮

Obere Wörthstraße

Franz Schmidts zweite Karriere

Darstellung eines Wundarztes aus dem Geschworenenbuch der Barbiere und Wundärzte zu Nürnberg 1628–1680. In der Frühen Neuzeit waren die in der Regel handwerklich ausgebildeten Wundärzte vor allem für chirurgische Eingriffe und die Versorgung von Wunden zuständig, während akademisch ausgebildete Mediziner sich mit der Inneren Medizin beschäftigten. Kolorierte Zeichnung 1628.

Als der Henker Franz Schmidt 1618 nach 40 Dienstjahren in den Ruhestand eintrat, hatte er mit der Erlangung des Bürgerrechtes 1593 bereits viel erreicht, um das Stigma seines früheren Berufs für sich und seine Nachkommen abzumildern. Diesen Weg beschritt er nach der Niederlegung seines Scharfrichteramtes konsequent weiter.

Während seiner Zeit als Henker hatte sich Schmidt immer wieder die Erlaubnis eingeholt, die Körper der Hingerichteten zu sezieren und sich dadurch Kenntnisse der menschlichen Anatomie angeeignet. Wie andere Henker auch behandelte er aufgrund dieser Kenntnisse – und sicherlich auch mit eher geheimnisvoll-magischen Heilpraktiken – Privatpatientinnen und -patienten und wurde zum gefragten Therapeuten bei allerlei Leiden.

1624 beantragte er schließlich, unter anderem wegen seiner wichtigen Dienste als Wundarzt, bei Kaiser Ferdinand II. die Wiederherstellung seiner Ehrlichkeit. Dabei gab er an, bereits 15.000 Menschen medizinisch betreut zu haben. Der Antrag wurde vom Rat der Stadt unterstützt und schließlich im September 1624 bewilligt. Franz Schmidt erwarb darauf das Haus in der Oberen Wörthstraße 10, in dem er bis zu seinem Tod eine erfolgreiche Wundarztpraxis betrieb.

Welch hohe Bedeutung die Ehre in der Frühen Neuzeit hatte, wird nicht nur an Schmidts Kampf um die »Ehrlichkeit« deutlich, sondern auch daran, dass die Töchter des Henkers bei ihren Eheschließungen erhebliche Probleme wegen ihrer Familiengeschichte hatten.

⑯

Hinrichtungsstätten

Galgen und Enthauptungsstätte

Der Nürnberger Galgen bestand aus mehreren Querbalken, so dass beispielsweise auch ganze Diebesbanden zusammen hingerichtet werden konnten. Der Zeichner des Malefizbuches illustriert den »Rabenstein« mit einem der namensgebenden Vögel. Zeichnung um 1600.

Heute erinnert nur noch der Name des Viertels Galgenhof daran, dass sich vor dem Frauentor die Hinrichtungsstätten der Reichsstadt Nürnberg befunden haben. Vor dem südlichen Zugang zur Stadt lag zum einen der Platz, an dem Enthauptungen stattfanden, zum anderen das Hochgericht mit den Galgen.

Beim Hochgericht, das im Volksmund auch als »Rabenstein« bezeichnet wurde, handelte es sich um eine steinerne Plattform, auf der die Galgen gut sichtbar aufgestellt waren. Das Richten mit dem Strang war eine bewusst entehrende Hinrichtungsart. In der Regel wurden die Delinquentinnen und Delinquenten am Galgen hängen gelassen, bis die Körper abfielen. Da sich häufig Raben und andere Vögel an den Leichen zu schaffen machten, wurde die Bezeichnung Rabenstein geläufig. Der Aufstellungsort des Galgens an einer Hauptverkehrsader in die Stadt hinein verwundert nicht, sollte doch die Strafpraxis abschreckend wirken. Durch die prominente Platzierung der Richtstätte konnte der Rat auch seine Gerichtshoheit und damit die Macht und Unabhängigkeit der Stadt demonstrieren.

Noch schwerwiegendere Verbrechen wurden mit Verbrennen oder Rädern bestraft, die ebenso wie das Erhängen entehrend wirkten. Bei

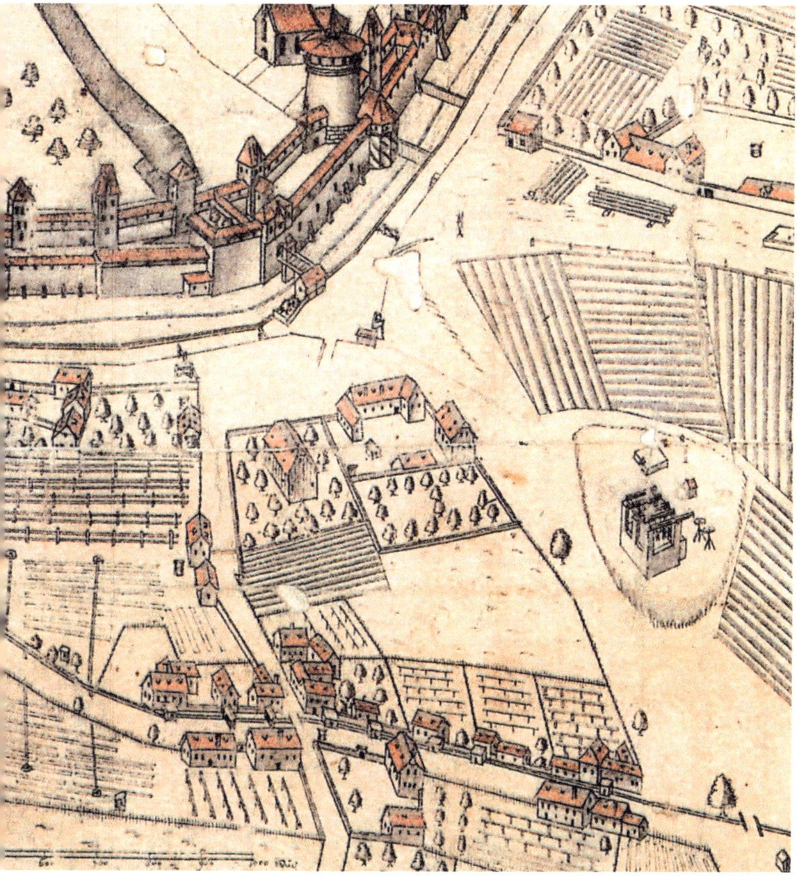

Auf dem Kartenausschnitt aus dem frühen 17. Jahrhundert ist der Galgen (rechts) wie auch der Vorort Galgenhof mit der heute noch so verlaufenden Galgenhofstraße (unten) gut zu erkennen. Kolorierte Federzeichnung von Hans Bien 1620.

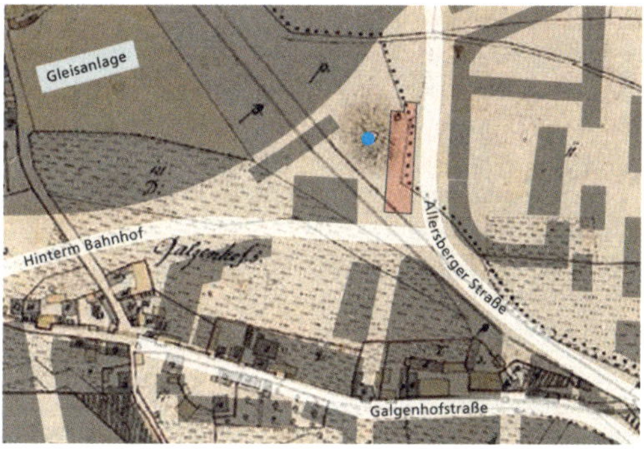

Legt man das Urkataster aus dem 19. Jahrhundert und die moderne Bebauung übereinander, erkennt man die heutige Lage der ehemaligen Richtstätte (blauer Punkt). Seit dem Bau der Gleisanlagen verläuft die Allersberger Straße weiter östlich.

Auf der Karte von Paul Pfinzing (Ausschnitt) aus dem 16. Jahrhundert sind beide Richtstätten zu erkennen: Das Hochgericht, also der Galgen, am unteren rechten Bildrand und die Enthauptungsstätte (hier ebenfalls als »Rabenstein« bezeichnet) in der Bildmitte. Kolorierte Federzeichnung um 1594.

zweitgenannter Hinrichtungsart wurde der Körper des Verurteilten mit einem schweren Wagenrad zerschlagen, ehe ein »Gnadenstoß« auf das Genick oder das Herz das Leben des Delinquenten beendete. Auch zu dieser Strafe gehörte eine öffentliche Ausstellung des Exekutierten. Diese besonders schweren Hinrichtungsarten kamen jedoch nur selten zum Einsatz.

Die Art der Hinrichtung sowie etwaige Strafverschärfungen oder auch -milderungen waren

Als Strafverschärfung lautete das Urteil vor der Exekution häufig auf Auspeitschen. In dem hier dargestellten Fall von 1606 wurde Cordula Widmann wegen Anstiftung zu Diebstahl und Hehlerei »mit Ruten ausgestrichen« und um den Galgen geführt, an dem ihre Söhne zwei Tage zuvor wegen Diebstahls starben. Zeichnung aus der Neubauerschen Chronik vor 1613.

Nach dem Ende der reichsstädtischen Zeit wurden Hinrichtungen auch an anderen Orten vor den Stadtmauern durchgeführt. Dem kolorierten Stich folgend fand die Hinrichtung des Doppelmörders Friedrich Cörper im Jahr 1830 westlich der Altstadt statt. Weiterhin nahmen zahlreiche Personen, darunter auch Kinder, an dem blutigen Rechtsakt teil.

Teil des ergangenen Urteils und basierten ab dem 16. Jahrhundert auf dem Reichsgesetz (der Carolina). So gab es sowohl Fälle, bei denen die Verurteilten vor der Hinrichtung mit glühenden Zangen oder dem Auspeitschen mit Ruten zusätzlich gequält wurden, als auch solche, bei denen der Tod am Galgen in das als schmerzfrei geltende Köpfen umgewandelt wurde.

Dieses Richten mit dem Schwert galt aber nicht nur als weniger schmerzhaft, sondern war auch sozial nicht so geächtet wie die übrigen Hinrichtungsarten. Nach dem Tod durch das Schwert durften die exekutierten Personen beispielsweise normal auf einem Friedhof »in geweihter Erde« bestattet werden. Aufgrund dieses anderen Charakters der Hinrichtungsart errichtete man für Enthauptungen einen eigenen Richtplatz vor dem Frauentor.

Erst in der Folge der Aufklärung wurde Kritik an den publikumswirksamen Hinrichtungen laut. In Nürnberg fanden öffentliche Exekutionen noch bis in die Mitte des 19. Jahrhunderts statt.

FRAUEN

⑰

Ertränken

Tod in der Pegnitz

Bis in das 16. Jahrhundert wurde die Todesstrafe an Frauen in Nürnberg üblicherweise durch Ertränken in der Pegnitz vollstreckt. Wie alle übrigen Hinrichtungen vollzog man das Ertränken außerhalb der Stadtmauern. Man wählte als Ort hierfür das Ufer an der Hallerwiese bzw. ihr gegenüberliegend an der Kleinweidenmühle.

Die Strafe, die vor allem Kindsmörderinnen traf, war besonders grausam: Die Delinquentinnen wurden in einem Sack vom Henker unter Wasser gedrückt, bis sie ertranken. Aufgrund der geringen Wassertiefe der Pegnitz waren die Betroffenen einem teilweise sehr langen Todeskampf ausgesetzt. Auch die Anweisung des Rates von 1515, der Henker solle einen Holzsteg in die Pegnitz errichten, wo das Wasser tief genug

Die Richtstätte zum Ertränken von verurteilten Frauen befand sich wohl gegenüber der Hallerwiese im Bereich der Kleinweidenmühle. Die Hallerwiese diente als Erholungsraum. Daher wurde sie im 15. Jahrhundert zu einem Muntat-Bereich erklärt. Stadtplan von Hans Bien (Ausschnitt) 1625.

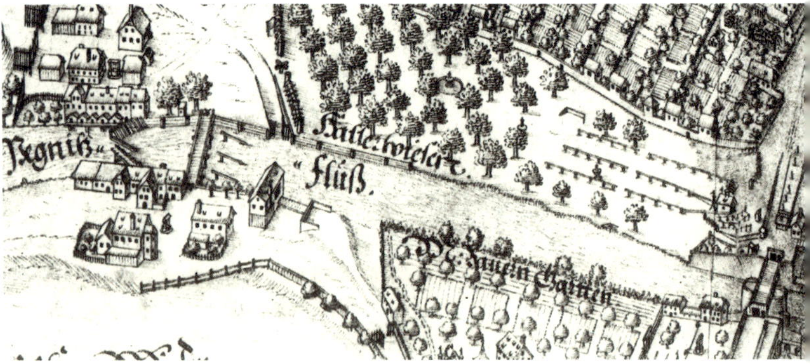

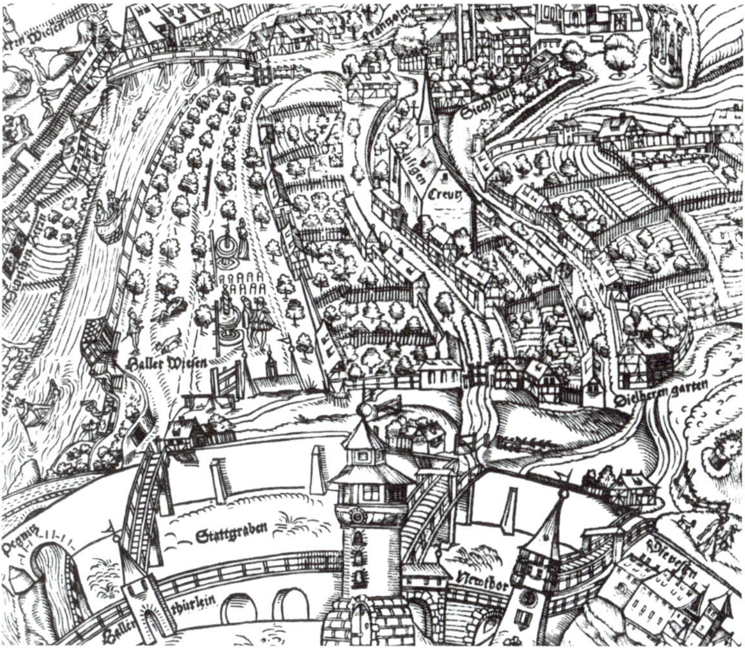

Auf dem Rundprospekt von 1580 von Stefan Gansöder ist die Hallerwiese außerhalb der Stadtmauern gut an ihrer Bepflanzung mit Linden zu erkennen.

für Ertränkungen sei, änderte daran nicht viel. Immerhin wurde im selben Jahr das Lebendigbegraben, das ebenfalls eine überaus grausame Bestrafung von Frauen war, abgeschafft.

Als der Nachrichter Franz Schmidt 1580 drei Kindsmörderinnen zu ertränken hatte, setzte er sich – unterstützt durch die Geistlichen an St. Sebald – dafür ein, dass die Strafen in Enthauptungen umgewandelt würden. Der Rat der Stadt folgte diesem Vorschlag, so dass Frauen künftig nicht mehr ertränkt, sondern mit dem Schwert oder dem Strang gerichtet wurden.

Vom Ertränken existieren nur wenige bildliche Darstellungen. Die Zeichnung aus der Neubauerschen Chronik zeigt die Hinrichtung einer Gattenmörderin im 16. Jahrhundert in Nürnberg.

⑱

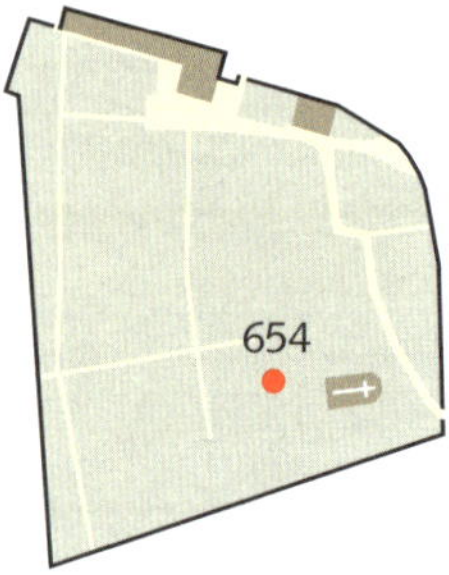

Rochusfriedhof

Das Grab von Franz Schmidt

Viele Spuren finden sich in Nürnberg zu Franz Schmidt, dem wohl bekanntesten Henker der Frühen Neuzeit. So verwundert es auch nicht, dass sogar seine Grabstätte auf dem Rochusfriedhof heute noch erhalten ist. Das Grab der Familie Schmidt trägt die Nummer 654.

Als Franz Schmidt vermutlich im Alter von 80 Jahren im Jahr 1634 starb, existierte das Grab bereits. Der Nachrichter hatte es 1585 als Familienbegräbnisstätte erworben. 1600 wurde hier sein Sohn Jorg, der nur 16 Jahre alt wurde, bestattet. Schon an diesem ersten Begräbnis in der Grabstätte der Familie Schmidt wird deutlich, dass die Bemühungen des Henkers um Integration in die Stadtgesellschaft gefruchtet zu haben scheinen. So ist überliefert, dass der Sohn von seinen Klassenkameraden an der Sebalder Schule zu Grabe getragen wurde. Kurze Zeit nach dem Sohn starb Franz Schmidts Frau Maria. Den Haushalt übernahmen fortan die Töchter Maria und Rosina.

Auf dem Epitaph des Grabes von Franz Schmidt ist zu lesen: »Maister Frantz Schmid, Maria seiner Hausfrauen sein und seiner Erben Begrebnus, 1585«, Fotografie 2013.

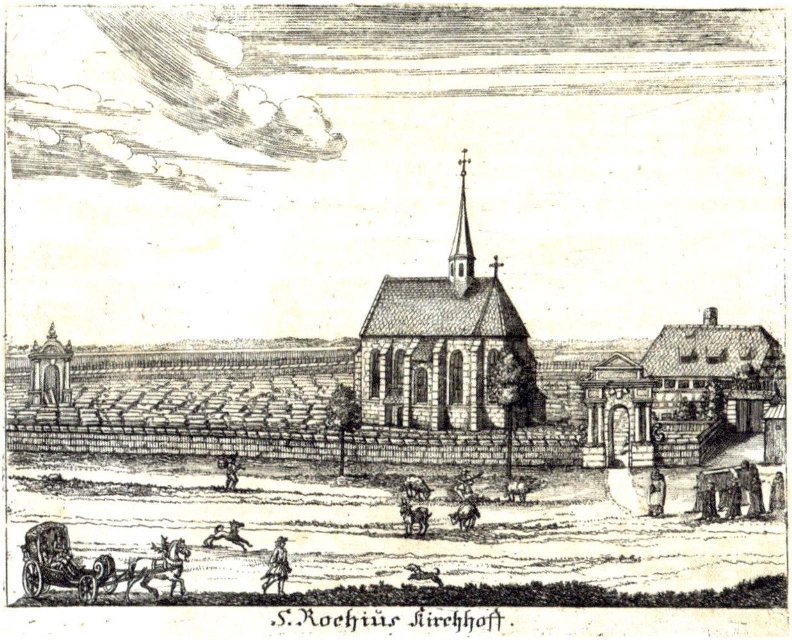

Auf dem Kupferstich von Johann Alexander Boener ist der Rochusfriedhof um das Jahr 1700, also kurz nachdem der letzte Nachkomme Franz Schmidts dort bestattet wurde, zu sehen. Der Friedhof war die Begräbnisstätte für die Bewohnerinnen und Bewohner der Lorenzer Stadthälfte, in der sich auch der letzte Wohnsitz der Familie Schmidt befand.

Die genauen Umstände des Todes wie auch der Sterbetag von Franz Schmidt sind nicht bekannt. Es ist lediglich überliefert, dass er am 14. Juni 1634 bestattet wurde. Im Beerdigungsbuch ist zu lesen: »Der ersam Franz Schmid Arzt im oberenword«. Seine lange Karriere als Henker der Stadt findet hier also keine Erwähnung mehr, wie es wohl auch Schmidts Wunsch entsprochen haben dürfte. Auch das Wappen, das das Epitaph des Grabes ziert, liefert keinen Hinweis auf den Henkerberuf. Es zeigt einen Schmied.

Der letzte Nachkomme Franz Schmidts, sein lediger Sohn, der in den Quellen als »Franzenhans« bezeichnet wird, starb 1683. Auch er wurde im Grab auf dem Rochusfriedhof beigesetzt. Mit ihm endet die Familiengeschichte der Schmidts.

Amira, Karl von: Die Neubauersche Chronik, in: Sitzungsberichte der Bayerischen Akademie der Wissenschaften, München 1918, S. 1–51.

Bendlage, Andrea: Städtische Polizeidiener in der Reichsstadt Nürnberg im 15. und 16. Jahrhundert, in: Dinges, Martin / Sack, Fritz (Hg.): Unsichere Großstädte? Vom Mittelalter bis zur Postmoderne, Konstanz 2000, S. 85–100.

Diefenbacher, Michael (Hg.): Die Henker von Nürnberg und ihre Opfer. Folter und Hinrichtungen in den Nürnberger Ratsverlässen 1501 bis 1806, Nürnberg 2010.

Dülmen, Richard van: Theater des Schreckens. Gerichtspraxis und Strafrituale in der frühen Neuzeit, 5. Aufl., München 2010.

Eser, Thomas: Die älteste Taschenuhr der Welt? Der Henlein-Uhrenstreit. Begleitband zur Ausstellung im Germanischen Nationalmuseum vom 4. Dezember 2014 bis 12. April 2015, Nürnberg 2014.

Friedel, Birgit: Die Nürnberger Burg. Geschichte, Baugeschichte und Archäologie, Petersberg 2007.

Groebner, Valentin: Zu einigen Parametern der Sichtbarmachung städtischer Ordnung im späteren Mittelalter, in: Monnet, Pierre / Oexle, Otto Gerhard (Hg.): Stadt und Recht im Mittelalter, Göttingen 2003, S. 133–152.

Harrington, Joel F.: The Faithful Executioner. Life and Death, Honor and Shame in the Turbulent Sixteenth Century, New York 2013.

Hinrichtungen und Leibstrafen. Das Tagebuch des Nürnberger Henkers Franz Schmidt, hg. v. Geschichte Für Alle e.V. – Institut für Regionalgeschichte, Nürnberg 2013.

Kesper-Biermann, Sylvia: Der schauerliche Jungfernkuss. Foltermuseen als touristische Ziele im Europa des 19. Jahrhunderts, in: Schwarz, Angela / Mysliwietz-Fleiß, Daniela (Hg.): Reisen in die Vergangenheit. Geschichtstourismus im 19. und 20. Jahrhundert, Köln 2019, S. 199–232.

Knapp, Hermann: Das alte Nürnberger Kriminalrecht nach Rats-Urkunden erläutert, Berlin 1896.

Knapp, Hermann: Das Lochgefängnis. Tortur und Richtung in Alt-Nürnberg (Nachdruck), Nürnberg 2011 (1907).

Lorenz, Werner / Kaiser, Christiane: Die Fleischbrücke Nürnberg, Berlin 2011.

Martschukat, Jürgen: Inszeniertes Töten. Eine Geschichte der Todesstrafe vom 17. bis zum 19. Jahrhundert, Wiesbaden 2006.

Müller, Kurt: Das Gerichtsgebäude Weintraubengasse 1. Die Geschichte seiner Erbauung und vielfältigen Nutzung, in: MVGN 83 (1996), S. 175–204.

Schultheiß, Werner: Altnürnberger Rechtspflege und ihre Stätten, in: MVGN 61 (1974), S. 188–203.

Sonnenberger, Franz: Wie der Justizpalast in die Fürther Straße kam, in: MVGN 76 (1989), S. 325–340.

Zagolla, Robert: Im Namen der Wahrheit. Folter in Deutschland vom Mittelalter bis heute, Berlin 2006.